正面
管教孩子

POSITIVE DISCIPLINE

墨墨 ◎ 著

应急管理出版社
·北 京·

图书在版编目（CIP）数据

正面管教孩子/墨墨著.---北京：应急管理出版社，2019

ISBN 978-7-5020-7450-0

Ⅰ.①正… Ⅱ.①墨… Ⅲ.①家庭教育 Ⅳ.①G78

中国版本图书馆 CIP 数据核字（2019）第 078507 号

正面管教孩子

著　　者	墨　墨
责任编辑	高红勤
封面设计	吕佳奇
出版发行	应急管理出版社（北京市朝阳区芍药居 35 号　100029）
电　　话	010-84657898（总编室）　010-84657880（读者服务部）
网　　址	www.cciph.com.cn
印　　刷	北京铭传印刷有限公司
经　　销	全国新华书店
开　　本	880mm×1230mm$^1/_{32}$　印张　6　字数　180 千字
版　　次	2019 年 6 月第 1 版　2019 年 6 月第 1 次印刷
社内编号	20192201　　　　　　　　　定价　29.80 元

版权所有　违者必究

本书如有缺页、倒页、脱页等质量问题，本社负责调换，电话：010-84657880

PREFACE
前 言

我们都认为自己略懂教育，因为每个人都经历过成长，我们对一些教育方法深信深信不疑，但搬到自己孩子的身上，未必就适用。

在这方面，父母总是显得很固执，教育最大的难题就是对教育手段的不认同，为此，大部分家长都选择了人云亦云，这也是最无奈的一种做法。

例如，言传身教，是大部分家长都认可的方式，但一个人的习惯，总是难以改变的，很难说为了孩子，父母立刻就变成了一个优秀的人，当然，并不能否定父母对孩子的爱，这里只是对教育方式的探讨。

当然，一个优秀的孩子，并非出自任何一套教育方法，而是一个综合教育的结果，更是因材施教的结果。

孩子所处的环境，会对他的成长产生很大的影响。教育的目的就在于消除这种不利影响，让环境的优势得以充分显现。正面管教孩子，将孩子的成长环境作为主要考虑因素，让虚幻的教育理念看起来更加真实，更容易把握。

正面管教孩子是一种优质的教育理念，它不会只强调教育结果，而忽略教育过程。正面管教孩子，强调教育效率。在孩子接受教育的阶段，我们应该为其找到最好的教育方法，让孩子在成长的道路上少一些磨难，多一些欢乐。

作者为此走访了很多教育专家，翻阅了很多教育著作，希望能找到一些捷径，但遗憾的是，没有统一标准，也就没有捷径。但写出来的这些教育方法，都是一些精髓，作者本身也为人父母，知道教育孩子很重要，但生活中总有别的事情需要你去做。

综合来讲，正面管教孩子是一种优质的教育理念，它不像专业著作，为了论证，不惜笔墨；也不像很多类似的书里面，只强调教育结果，而忽略了教育的过程。

这本书主要阐述教育孩子的一些经验，虽然花费了作者很多心血，但这并非是解决问题的唯一方法，所以作者更倾向于传达理念。至于细节，在于教育者的领悟。

事实上，教育从来不是一刀切的过程，它在于父母和子女之间的默契，有了这种默契，所有的教育方法便会简单可行，而且效果倍增。希望这本书能够给困惑中的父母带来一些启发。

目 录
CONTENTS

第一部分　有效沟通

原则一　选择性抛开等级观念 / 003
　　破除传统父子观念 / 003
　　给孩子传递平等与尊重 / 006
　　保持家长的权威性 / 008
　　和孩子做朋友 / 011
　　让孩子敢于表达 / 013
　　培养孩子的责任心 / 016

原则二　正视孩子的能力 / 019
　　教育是理性的 / 019
　　孩子的能力引导 / 021
　　避免盲目赞美 / 024
　　孩子的天赋 / 026
　　放养孩子原则 / 028
　　承认孩子的优秀 / 031

原则三　正确对待孩子的错误 / 034
　　不放纵每一处错误 / 034

增强孩子反省能力 / 036
从细节上纠正错误法 / 039
增强错误记忆力法 / 041
培养孩子的理解能力 / 044
长大了就会懂事？ / 046
抛开巨婴症 / 049

原则四　优化表达的精准性 / 052

爱，也要说出来 / 052
吼叫是不理智的方法 / 055
沟通避免情绪化 / 057
拒绝报喜不报忧 / 060
站在孩子角度想问题 / 062
承认孩子的不成熟 / 065
不把孩子放在比较里 / 067

原则五　培养沟通的默契性 / 072

多让孩子了解自己 / 072
抛开说教，以身作则 / 074
营造民主家庭氛围 / 077
做一个爱笑的家长 / 079
让孩子看到你的耐心 / 081
培养家庭文化 / 083

原则六　避免高压教育 / 086

了解自己的孩子 / 086
纠正需要时间 / 088
不过度苛求优秀 / 090

孩子的独一无二 / 092
学会孩子语言 / 095
不强迫原则 / 097

第二部分　高效成长

课程一　让孩子爱上学习 / 101
陪孩子学习 / 101
展示知识的重要性 / 103
了解学习基本原理 / 106
学习拓展能力 / 108
培养孩子学习兴趣 / 110
让知识活跃起来 / 113
重视孩子的成绩 / 115

课程二　培养孩子的微笑 / 118
挫折教育 / 118
孩子控制情绪能力 / 120
优秀传统文化的引导 / 122
激发孩子情商概念 / 125
礼仪以及自我形象引导 / 127
多让孩子体验成就感 / 129

课程三　优秀社交能力 / 132
学会分享 / 132
懂得坚持 / 134

忍耐孤独与寂寞 / 137

独立性与主观性 / 139

决断能力 / 141

懂得团结别人 / 143

宽容与理解 / 146

不固执 / 148

课程四　孩子的软实力 / 151

表现欲 / 151

情商 / 153

自信心 / 156

勇敢 / 158

韧性 / 160

抗压能力 / 163

执行力 / 165

课程五　孩子的幸福能力 / 168

正确的价值观 / 168

爱自己才会爱别人 / 170

敢于面对问题 / 172

理性思考能力 / 174

懂得感恩 / 177

优秀想象力 / 179

生活表达能力 / 181

第一部分

有效沟通

如何说，孩子才能听？

如何教，孩子才能快速理解？

不单单是表达，更重要的是创造一种理想的氛围。

原则一
选择性抛开等级观念

破除传统父子观念

父子关系是几千年以来中国伦理关系中最重要的一部分。

"父父子子,君君臣臣",自古以来,父亲的身份就具有绝对的权威性;而在影响了中华儿女几千年的儒家经典《三字经》中更是直言"子不教,父之过"。可见,父亲对子女的一个重要义务即是教养。

"百善孝为先,孝为德之本",子女对父母的一个重要义务即是孝。古代典籍《孝经》和《论语》对孝都有具体的阐述。千百年来,中华文化中更是流传着汉文帝亲尝汤药、仲由百里负米侍双亲等经典孝义故事。

在传统文化的长期浸润之下,父母与子女之间形成的关系是"父为子纲"观念的延伸,父子之间隔着的是伦理的鸿沟。随着时代的变迁,父母的绝对权威已经渐渐演变为彼此尊重,但亲子关系中仍存在着不少等级理念,尤其是父亲在家庭中多数是以沉

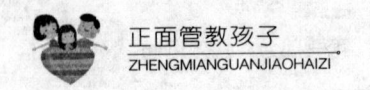

默、严肃的形象出现。简单、粗暴、固执几乎是传统父亲的形象,他们往往用心良苦,但最终往往得不到子女的认同;而在新思想的影响下,子女越来越宣扬自己的个性,想摆脱父母的控制。

在中国式教育的家庭中,相较于女孩而言,父亲会对家里的男孩要求更高。我们常常可以看到这样的现象:父亲为了保持在儿子面前的绝对权威,往往以命令式的口吻要求孩子执行某事。若是孩子没有执行,那随之而来的就是打骂,直到孩子服气为止,以此来证明一家之主的绝对地位。"服管"常常是父亲对于儿子的基本要求,也是为了阻止孩子走偏道路。而在表达爱的时候,父亲又往往选择把话藏在心中,悄悄地落实在行动上。长此以往,父子之间常常无话可说,到最后就是彼此在意而又死不承认。

电影《父子雄兵》上映之后曾在社会引起一阵热议。在中国式离婚、中国式伙伴、中国式夫妻等新词背后又出现了"中国式父子"的定义。影片中的父亲不善言辞,犯了错之后又固执不肯承认,为了孩子的成长却付出了所有;而儿子没能读懂父亲的这份良苦用心,在父亲的管制下想跳出圈子,一次次地挑战父亲的权威。父子之间的相处方式简单而粗暴,缺乏沟通的他们造成了一系列的误会。父亲越来越操心,儿子越来越不成器。直到儿子陷入债务纠纷,父子一起经历了生死考验之后,彼此才打开心结。

这部电影中所反映的是典型的中国式父子关系,要打破这种模式,便要在新形势下构建新的父子关系,让传统的父子伦理体现出现代价值。

第一部分　有效沟通

首先，双方应以一种全新的开放的思想和眼光重新审视父子之间的关系。父母应深刻意识到孩子是一个独立的个体，他是这个家庭的一部分，但并不是父母的附属品。父母与子女之间的关系并非占有与被占有，而是相互独立的关系。因而，平等与尊重是维持现代家庭关系中父子关系的重要因素，父母与子女的权利与义务应是相互的、对等的，并不以一方的意志为转移，更不是以一方为绝对的权威。在相处的过程中，双方应以沟通、协商来实现自己的目标，最终表现出和谐、友爱、向上的关系。

其次，父母应真正做到言传身教，以自己的言行来影响孩子。父母应不断地充实自己，做好孩子的榜样：在思想上比孩子站得更高，看得更远；在行动上积极、周到、细致。因为孩子一生下来接触的便是父母，这种潜移默化的影响对孩子而言是一生的。孩子的世界观、人生观都是在这样的相处中默默形成的，那么父母的格局和言行就显得尤为重要。若父母只是站在制高点来要求孩子而自身没有进步，那就难以让孩子心服口服。

而作为子女，也不能一味要求自己的父母为自己付出。自己应从内心多一些对父母的宽容与理解。时代在变，父母与子女的思想不同是必然。所以，子女要学会倾听和表达，要学会倾听父母的意见和表达自己的观点。要设身处地地理解一下父母的难处，换位思考。从某种意义上说，理解父母也是"孝"的一种表现方式。

父子关系是人这一生最重要的命题，是最深也最不易懂的情。无论时代怎么变化，这层关系中都难以避免"教"和"孝"，但若能在时代的变化中赋予这两个字更多平等与尊重的内容,那这份情会更浓!

给孩子传递平等与尊重

在中国家庭的教育中有一种很重要的文化——听话文化,例如子女听父母的话,弟妹听兄姐的话,晚辈听长辈的话。在很多人看来,听话就意味着尊重。于是,这些孩子到了学校就以听老师话为好学生的标准,在社会中以听上级领导的话为好员工的标准。但这些孩子真正懂得了尊重的内涵吗?他们又被家庭、学校、社会尊重了吗?

再回到平等这个词,我们生活在一个人人追求平等的时代。但在家庭里,孩子并没有真正表达自己的权利,最终仍是以家长的意见为决策;在学校,那些成绩不好的孩子往往被排斥在外;在社会上,那些一线工作者常常做着最辛苦的活儿却遭受了冷眼和不屑。这是所谓的平等,还是另一种形式的意志凌驾。

真正的平等是以尊重人格为前提的。我们都渴望平等和尊重,却忽略了两者的内涵。我们希望实现平等与尊重,却做了行动的矮子。一个孩子若想真正拥有平等与尊重的意识,那么他从小就应在这样的思想熏陶下成长,父母就是这个意识的引导者。

一个孩子和妈妈一起去饭店吃饭,孩子想要吃店里的馄饨,但妈妈觉得这家店主营的是面条，便给孩子点了面条。孩子看着端来的面条，丝毫不想动筷子。结果妈妈便唠叨起来："要吃馄饨就到馄饨店吃，到吃面条的店吃什么馄饨？这个面条比馄饨还要贵，你不要浪费……"孩子最终在妈妈的唠叨中极不情愿地吃完了这顿饭。

这是生活中一个极小的片段，却是很多家庭常有的状况。穿什么，爸爸妈妈买回家；吃什么，爸爸妈妈给你点；读什么书，爸爸妈妈给你定；上什么培训班，爸爸妈妈已经选好了……总而言之，爸爸妈妈所做的一切都是为你好，你只需要听话就可以了。

但真正懂得尊重孩子的父母会怎样做呢？同样是吃饭的这个场景，你或许可以这样建议孩子："这一家是以面食为特色的店，面食做得较好，口味纯正。如果你想吃馄饨，下一次我们可以去专门做馄饨的店。当然，这只是我给你的建议。你来做决定。"如果孩子选择了不合他的胃口的面条，这至少是他自己做出的选择。

在日常生活中，家长问孩子需要什么，而不是认为他需要什么。我们没有仗着大人的威严而剥夺孩子做选择的权利。或许一些家长认为这种生活中的小事，由他们帮着孩子定也无太大关系。可孩子的思想观念就是在这样一件件小事中累积起来的。更何况，生活中有多少这样的小事，若是都由大人做了决定，孩子还有多少做决定的机会呢？

"骐骥一跃，不能十步；驽马十驾，功在不舍。"小事中的决定一步步形成了孩子的世界观和人生观。真正有智慧的家长应懂得在小事中渗透给孩子平等与尊重，让这样的意识成为孩子们日常的一部分。

美国家庭教育专家史蒂文曾说："成功的家庭教育，是家长舍得拿出时间与孩子在一起，以一种平等的态度与孩子交流，对孩子正确的想法和行为给予充分的肯定。"一味地培养听话的孩子并不是真正好的教育，以你的时间和陪伴让孩子感受到你给予他的平等与尊重，他才会获得真正独立的人格，也才能拥有尊重他人的态度。

保持家长的权威性

多数 70 后、80 后都是在严厉的家教中成长，他们的童年生活中有太多的限制。于是，作为家长的他们希望能给予孩子一些自由的空间，所以他们极力倡导平等的民主氛围。民主的思想自然无可厚非，但凡事都有度。

若是一味地民主，孩子便容易失去方向，因为他不清楚很多事情的边界。而当民主过度，纵容出孩子以自我为中心的个性之后，家长要想再以自己的地位改变孩子的行为就是难上加难的事，因为在他的心中，家长已经毫无权威可言。现实生活中，像乱按电梯、随意推人的孩子多数是家庭的过度纵容造成的。所以，民主固然可贵，家长的权威依然必不可少，切勿以平等和尊重的名义给了孩子一切的自由，最终让孩子凌驾于家长和规则之上。

所谓的权威并非是对孩子吼叫或绝对式的命令，这样反而会触动孩子的自尊心，尤其是在孩子进入叛逆期之后更会适得其反。真正的权威应是你在孩子的心目中值得被尊重，能让他心服口服。

这样的权威不是天生的，而是后天的努力。那如何培养自己的权威呢？

首先应是人格魅力。"你希望孩子成为怎样的人，你就应成为怎样的人。"父母就是孩子的一面镜子，有人格魅力的父母自然像一道光一样照着自己的孩子，没有孩子不向往阳光。若你是一个好吃懒做的人，你怎么要求自己的孩子勤奋好学？若你自身没有对生活的热情，你又怎么教育自己的孩子热爱生活？父母的一言一行，孩子都看在眼里。如果孩子谈起你的时候，他的眼神里有光：那光是对你知识的崇拜，是对你精致打扮的喜爱，是对你运动能力的羡慕，那你自然有让他信服的资本。

其次是规则意识。为了不让孩子讨厌自己，凡事都依着孩子，这是教育孩子的大忌。长此以往，但凡有违背孩子意愿的决定，孩子便会撒泼打滚。父母要在孩子面前树立权威，就应该给他确立规则，让他清楚什么事情能做，什么事情不能做。而要做到这点，应遵循几个原则：

一是如果孩子违反了规则，家长必须坚定地说"不"。自己的孩子打了邻居家的孩子，家长的态度是"都没有受什么伤，小孩子之间小打小闹很正常";孩子私自拿走了同伴家里的玩具,家长的态度是"我们家孩子实在是太喜欢这个玩具了,我下次再买一个别的玩具送过来";孩子逾期没有还学校图书馆的书,家长的态度是"已经放假了,我们下个学期开学再送过来"……在所有的事件中,孩子都是没有错的,因为在父母看来这些都是无关紧要的事,他们能替孩子解决。"勿以恶小而为之",家长能对这些小事中的原则视而不见,孩子他日就能成为一个没有原则和底线的人。他还是个孩子,但他应有正确的是非感和为人处世的基本原则。家长只要在事件中向孩子表明自己的立场,孩子便能分辨是非对错,这就在于家长能否坚定地说"不"。

二是家长自身必须言而有信。周末的时候,常常有不少家长带着孩子在商场的游乐场玩。玩之前家长一般会和孩子约定好时间,但多数情况是孩子一旦玩上瘾了便很难抽身。家长看着孩子玩得如此尽兴,便想着让他再多玩一会儿;有些家长口头喊着孩子到时间了,但也没有执行走的约定;还有的家长拉着孩子走的时候看着孩子难过的表情便不忍心地妥协了。有这样的第一次便有第二次,孩子慢慢就摸到了方法。这之后你和孩子约定的时间就会一文不值,在这方面你就彻底失去了权威性。和孩子约定的事情,家长只有说到做到,才能形成约束力。若是家长自己都不遵守了,孩子又怎么会在意呢?

拥有权威的方式有许多种,关键在于家长的态度。而形成权威是一个长期的过程,需要家长的坚持!如果你真能做到民主与权威并存,那么你的家庭亲子关系一定是和谐的,而你的孩子必定是优秀的!

和孩子做朋友

年龄是隔在父母和孩子之间的一道沟,这样的代沟让家长常常难以走进孩子的心里,孩子也没有合适的话题与父母沟通。家长最常碰到的一个问题就是,"我家孩子和朋友玩的时候很放得开,到家了就什么话都不愿意和我说"。的确,不少孩子更愿意和朋友们在一起,向他们袒露心事。

苏联教育家伊安·凯洛夫曾说:"父母与孩子之间,多因彼此不了解发生误会,多为沟通少产生矛盾,多是没有平等交流而伤了两代人的关系……如果父母学会了与孩子做朋友,这一切问题都会迎刃而解。"有这样烦恼的家长,何不试着和你的孩子做朋友呢?

同事的孩子已经读初中了,慢慢进入了叛逆期,并享受自己独处的时间。孩子白天基本在学校上课,晚上回来也是在自己的房间里。同事有点焦心,之前他们的相处状态并非如此。后来,他发现孩子闲暇时间会在小区的篮球场打篮球。向来不爱打篮球的同事开始练习起篮球,并主动提出和孩子一起玩。于是,父子俩每天都会腾出饭前的时间运动半小时。就这样,这半小时成了他们心灵沟通的最佳方式。而有时坐下来休息或一同回去的路上，孩子也会有意识或无意识地谈起学校的事情；有时即使没有什么语言的交流，父子"勾肩搭背"的相处方式也胜过无数言语。

随着孩子的成长，他的心灵会有变化。小学阶段的他也许和你无话不谈，但有一天你就忽然走不进他的世界。同事发现了这种变化，并以融入孩子活动的方式让孩子与自己交流。如果同事端着他做父亲的架子，那么他俩之间的鸿沟只会越来越深。

每个父母选择靠近孩子的方式各不相同，著名作家龙应台选择的是书信交流的方式。在她的《亲爱的安德烈》一书中，记录了她和孩子的35封书信往来。在安德烈14岁的时候，龙应台离开欧洲回到中国台湾，从此以后，母子之间便通过电话联系。但电话久了，两人之间也就无话可谈。在安德烈18岁的时候，母子俩终于在欧洲重聚。长久的分离让龙应台对思想处于最急剧变化阶段的安德烈失去了了解，而安德烈对母亲像是一个陌生人，彼此都走不进各自的世界。龙应台问安德烈愿不愿用写信的方式来重新认识彼此，这是她想挽回渐行渐远的母子关系的最重要的期待。于是，母子俩用三年的时间彼此通信，在信中，他们坦诚相见：谈音乐、教育、文化、民权、生活，等等。在信中，他们更多的是以朋友的身份相谈。在平等的交流中，安德烈重新认识了母亲，而龙应台也读到了一个18岁青年的心理状态，彼此的坦诚相见使他们彼此了解，也成全了这段母子关系。

写信是一种原始的表达方式，虽然已经不太被使用，但很多时候有些话以口语的方式不如以书面的形式呈现更有效果，因为文字是静下心来读的，但前提是文字中有真情实感。

无论是融入孩子的活动或写信的方式都是父母走出高高在上的身份，以朋友的身份出现在孩子的世界里。在孩子的成长中，当他有了自己的情绪之后，父母若是不能以朋友的方式陪伴在他身边，那这段关系就会渐行渐远。相反，若是父母读懂了孩子真正的需求，就和他的心灵距离拉近了。因此，在现实生活中，家长要想与孩子做朋友，真正走进孩子心里去，首先应选择与孩子的相处方式。这也是一种智慧。

让孩子敢于表达

教育家蒙台梭利说："有一点要注意：不可让孩子说懦夫们常用的词汇，如'我不敢'。常说这句的孩子绝不会成为有出息的人。"这话听起来似乎有些绝对，但也不可否认"敢"在一个人的成长过程中的重要性。其实，在生活中，多数家长确实不愿意自己的孩子是一个胆小怕事的人，而打破这层禁锢首先必须敢于表达。

邻居家的孩子程程读一年级的时候很想当班长。当老师宣布第二天要竞选班干部并让孩子报名时，回到家的程程让妈妈给老师打了电话。后来在竞选上，程程有着很出众的表现。但最终老师选择了另一个孩子,她给程程妈妈的答复是:"在同样优秀的条件下,我选择那个自己来争取机会的孩子。那个孩子昨天走到我的办公室,向我表达了他竞选班长的决心。"

一个是父母替其表达,一个是自我表达,两者之下多数人都会偏向后者,因为他敢于为自己发声。从另一个角度,如果让父母发声,那父母的表达究竟是父母想要,还是孩子本身想争取呢?

事实上,敢于表达的孩子在生活中拥有无限的优势。敢于表达的孩子永远清楚自己要什么,也懂得拒绝自己不想要的东西。他能在不同的场合为自己赢得先机;他会让自己的心灵得到适时的释放;他能更恰当地处理人和人之间的关系;等等。因为主动权一直在他手中。

同样是程程的例子。她小学的伙伴来她家玩,对一个小型音乐盒爱不释手。这个音乐盒也是程程的最爱,女孩子大体都喜欢这类玩具。临走前,为了不影响同学的情绪而让程程结交这个好朋友,程程的妈妈便做主把音乐盒送给了同学。在同学走后,程程就开始向妈妈抱怨不该没有经过她的允许把玩具送给别人。但程程妈妈没有把这事放在心上,反而告诉程程:"玩具没了,我们买个一样的就是了,不是多贵重的东西。同学这么喜欢这个玩具,如果你送给了她,她自然高兴,以后你们的关系就会更好了。可要是她因为没拿走这个玩具而不高兴的话,就会影响你们的关系。"

读到这儿,我们就更容易理解竞选班干部的程程让妈妈出面争取的原因了。因为在生活中，程程妈妈没有给程程表达的机会。她以为孩子在乎的是玩具，其实孩子更在乎的是有自己表达的机会，而程程妈妈根本没意识到问题所在，更何况，以这样的方式赢得的友谊并非是真诚之举。

会教育孩子的家长懂得尊重孩子的意见，会让孩子来决定送与不送，不会剥夺孩子的意志来维持面子或是和谐。孩子的感受是不能被忽视的，为了维持表面关系的和谐而不敢于表达，孩子会在一次又一次委屈的累积中在心里埋下怨怼的种子，让其不敢表达内心的真实想法，让其变得唯唯诺诺。

为了让孩子拥有一个健康的心灵，更好地掌握自己的人生，家长应该让孩子从小有表达自我的权利，并给予他表达自己想法的信心和方法。

首先，家长应把孩子当成是有思想、有感受的独立个体，并非是可以被忽略的"孩子"。有些家长表面上给孩子表达想法的机会，即仅仅就是一种形式上的尊重，其行为依旧按照自己的意愿。既然孩子是独立的个体，那他就有话语权，他的话语理应被尊重。

其次，要让孩子自己来面对问题，而不是家长行为的"傀儡"，更不要打着爱的名义理所当然地以自己的想法来替代孩子。成年人的世界有太多的权衡利弊，别让这种复杂堵塞了孩子的心门。

以上两点只是给家长的两点建议，在实际生活中我们应根据孩子的具体情况"对症下药"。让孩子敢于表达，敢于更好地展示自己。如果你的孩子敢为自己代言，你的教育就是一种成功。

培养孩子的责任心

一个有责任心的人，他首先会对自己负责，而后会对自己的家庭、社会、国家负责。责任心是人这一生中必不可少的基本素养，可我们却常听家长谈起："你们家的孩子怎么这么懂事，我们家这个怎么就什么都不懂呢？"其实，这些家长应看到这样的问题背后是孩子责任心的缺失。

既然责任心这么重要，那如何才能让孩子有这个意识呢？我们不妨在一个对比事例中体会一下责任心的培养：

打扫班级卫生是每一个孩子在学校时候的基本任务，而往往这个时候家长都在校门口或教室门口等候。那一次，我正带领班级的孩子搞大扫除，任务比较重，时间也拖得比较长，于是陆陆续续有家长进来接孩子。到最后的时候，有两个孩子在完成卫生间的清理工作，其中一个孩子的妈妈直接到卫生间就把孩子拉走了："都什么时候了，爷爷奶奶还在家做饭呢！"孩子手中的抹布就随手丢在了洗漱池。后来，另一个孩子扫好后，陪着我一起锁门，他的爸爸就一直在走廊上静静等着。等孩子走到他面前的时候，爸爸轻轻地问了一声："你都按要求做好了吗？"得到孩子肯定的答复之后，他便让孩子和我挥手致意，就带着他一起离开了。

孩子责任范围内的事情，这个家长没有催促，也没有操办，而是等着孩子自己完成。就是这样一件事，让我明白了这个孩子平时每一件事都能做好的原因，因为他的家庭给了他这样的行为意识。而另一个孩子在这样的行为中一次次地被负强化，也就自然而然形成这样的思想意识——我能随时放下我手中的事情，因为我能有其他的理由。

但是在日常生活中，多数家长做不到这一点。为了让自己的孩子少吃点苦，事情能少做就少做；有时为了赶时间或嫌麻烦，就停止本应该完成的任务；孩子做错事之后，帮孩子逃避责罚；常常忽略日常小事的重要性……这些都是让孩子责任意识缺失的"元凶"。

要让孩子有责任心，首先要给他责任。在家庭中，孩子是一个重要的个体，就应自己的事情自己做。除了他的基本任务——学习之外，也应承担一些力所能及的事情，比如劳动。这个具体到某一个任务，孩子就有了自己的责任范围。当孩子在这个部分完成得比较好时，家长应给予及时的肯定；而当孩子遇到了难题的时候，家长也要一同分析解决，让孩子直面责任，而不能逃避。以此类推到其他事项，比如购物、接待客人等。

要让孩子有责任心，就要让他对自己的言行负责。逃避惩罚是孩子最正常不过的心理，所以在他犯下错误的时候往往选择隐瞒或者哭闹的方式。家长若是担心孩子的情绪而选择容忍，那孩子就找到了不担责任的方式。孩子的情绪需要被照顾，但责任也不能规避。当孩子做错事情的时候，家长可以选择和孩子一起面对。首先，不是一味地责骂，而是和他一起分析错因，减轻错误带来的后果，让他清楚该怎样面对自己的错误，直到他能慢慢学会独立承担。之后，家长应给孩子一些体验的机会，而不是说教。放手让孩子去做一些事，犯一些孩子都会犯的错误，让他在错误中体会言行过失的后果，而后渐渐明白什么是责任。对自己的言行负责不是在言语的教育中获得的，而是在实践中体验出来的。

要让孩子有责任心，父母对孩子的要求就应始终如一。在培养孩子责任心的过程中切忌对孩子的要求朝令夕改。父母心情好的时候就放松要求，心情不好的时候便加大惩罚，这样只会让孩子无所适从。

培养孩子的责任心并非一朝一夕之事，却是非做不可的事。有责任心的孩子才能在这个社会立身，父母应有这方面的意识并能重点引导。相信未来你的孩子会感谢你为培养他责任心的点滴付出与长久坚持！

第一部分 有效沟通

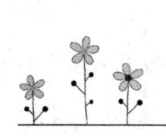

原则二
正视孩子的能力

教育是理性的

家庭教育不同于学校教育。在学校，老师和孩子是一种教育与受教育的关系，老师更能站在一个客观的立场教育孩子。在孩子获得成绩的时候，他们能给予适当的鼓励，也能在适时的时候予以警醒；在孩子犯错之后，他们更能合理地控制自己的情绪。但在亲子教育中，家长把孩子看成是家里的唯一，情感占据了主导因素。因而在处理孩子的问题上，家长很难从客观的角度出发，让情绪引导了问题的走向，这样的处理结果不仅不能使问题得到合理解决，反而影响了亲子关系。

家庭教育不仅需要感性的浸润，更需要理性的引导。理性的教育就是家长能时刻持有正确的人生观和价值观、清晰的是非观，以及会运用合理的教育方法对孩子进行引导，而不是以爱的名义对孩子百依百顺及一味纵容，更不是在孩子"不成器"之时的失控指责。

理性的爱背后是智慧。艳子是班级的班长，从小她就有很强的自主能力和上进意识，因而无论是个人能力还是学习成绩都是班级的榜样。但在五年级的期末考试中，艳子的成绩却下滑了不少，这可是她入学以来首次没有拿到班级第一。艳子拿着成绩回家后，本以为对自己严格的妈妈会责骂自己，没想到妈妈最先问的是她最近是否有什么烦心的事。在确定得到妈妈的谅解之后，艳子才和妈妈讲了最近班级的事务占据了更多的时间，导致学习时间压缩等事情。而后母女俩一同分析了艳子面临的现状并制订了新的学习计划，把最近苦恼的班级事务一并解决了。

理性的教育是在孩子的成绩背后首先看到的是孩子本身而不是数字本身，是在孩子犯错之后寻找到孩子犯错之因并及时止损而不是做无谓的埋怨，是听得到孩子的表达而不是家长站在制高点的指责。可惜很多家长看到的是孩子的分数和排名以及自己的面子，而忽视了孩子取得这些成绩背后的因素，并将其归结于孩子蠢或是不上进。而那些学霸型孩子的家长更不容许孩子有任何一次的"滑铁卢"，常让孩子陷入一种紧绷的状态，让他们的心理得不到合理的释放。理性的爱需要家长有足够的智慧面对孩子所处状况的不同而灵活处理。

当然，理性的教育也需要家长的坚持原则。为了让妮妮的阅读有进步，妮妮一家制定了每晚的家庭阅读时间。妮妮上了舞蹈班之后，对阅读渐渐失去了兴趣，并请求妈妈把家庭阅读时间变成自由阅读时间。妈妈最开始还在坚持，但有一天看到妮妮回来比较疲惫，出于对妮妮的心疼，便让妮妮进行了自由活动。慢慢地，妮妮只要不想阅读的时候，回到家就会表现出疲惫的样子，也就顺利地逃过了阅读。时间久了，这个规定就不了了之了。妮妮妈妈的出发点是关心孩子，生怕孩子累着，但结果却让妮妮丢失掉一个好的习惯，也把家里的规定儿戏化了。

家庭教育中常常遇到这样的问题：家长害怕孩子吃苦而包揽了孩子的事情，心疼孩子没有休息时间而把原本的计划随意化，为了让孩子开心而不顾原则地满足孩子……这些都是没有原则的爱。

爱是家庭和谐最重要的因子，但爱有时候是理性的。理性教育之下的孩子更容易拥有稳定的性格，养成好的习惯；更能合理地看待身边的问题；更能和父母平和地相处。愿每个孩子都能在感性和理性并存的爱中成长，成为一个心智健全、人格丰满的人。

孩子的能力引导

父母都希望自己的孩子能力出众，但效果各有差异。其实，每个孩子都有天生的潜力，聪明的父母善于发现并将这些潜力无限放大，从而让其成为孩子一生的财富，少数父母却将孩子的潜力扼杀在萌芽阶段。不同孩子其潜力或能力各有不同，关键在于

正面管教孩子
ZHENGMIANGUANJIAOHAIZI

父母的引导。

发展孩子的能力首要的便是承认孩子有能力。人和人之间最爱的是比较，父母之间更是如此。有些父母看到东家的孩子某方面优秀，西家的孩子另一方面优秀，而自家孩子似乎这些方面都没有便认为自己的孩子比不上别家的孩子，这对发展孩子的能力是大忌。别家孩子有的不一定自家孩子需要，而自家孩子有的也不一定要别家孩子有。做父母的要相信自己的孩子有能力并对其加以引导，即让孩子也能看到自己的能力所在，有一种能力上的自信。

相信能力之后便是将能力培养出来。

"纸上得来终觉浅，绝知此事要躬行。"培养能力最重要的一点就是在实践中锻炼，而实践的最好方法就是放手。小阳的班上发起了一个"穿越城市"的活动，由班级孩子自行组队以自己的方式赚钱并做公益活动。因为孩子年纪尚小，且这个活动有一些不能操控的变数。虽然小阳非常想参加，但小阳的妈妈却各种不放心，担心孩子大热天中暑，担心和小伙伴之间发生冲突，担心被陌生人挤兑……经过反复考虑，小阳妈妈觉得培养孩子的能力不在一时，就放弃了这个活动。

活动组织起来并不容易，经过一段时间的筹划，穿越小队组建了自己的组织：一人负责总体事务，两人负责沟通，两人负责财务，两人负责后勤，一人作为机动人员。这八个孩子就在家长的帮助下开启了穿越之旅。在一周的时间内，这八个孩子通过餐

第一部分　有效沟通

厅服务、发放传单等方式赚到了人生第一桶金并将其转化成物品送到了敬老院。虽然这一周内，这些孩子被暴晒、遭受陌生人的拒绝、牺牲了休息时间等，但事后他们都表示这个活动让自己有了和陌生人交流的胆量，也有了更多遭受拒绝的承受力，同时增进了与团队成员相处的能力等。

在成长的路上，这些孩子比小阳走远了一步。能力不是一日而成的，而是在每一个经历中累积而成，家长不应看轻每个活动的力量。而培养能力的路上吃苦或受伤都是在所难免的，如果孩子一直在家长的"保护伞"下，便失去了自我成长的机会。放手让孩子去闯，让他在经历中品尝酸甜苦辣，在这样的实践中悟出来的能力远胜于说教。

当然，能力的引导有时也并非盲目的，其中的参照之一就是兴趣。孩子感兴趣的事情是他能力发展的最佳点，因为他更愿意投入。以英语学习为例，如果家长发现孩子对英语表现出兴趣，那平常在车内就能准备一些英文歌曲，带孩子在电影院看一看英语电影，或偶尔来一个亲子英语对话等，在无形中让英语成为孩子的日常。这样家长就能引导着孩子把想法变成行动，而后让兴趣发展为特长。

天生的是潜能，而被挖掘着发展的是能力，将隐形的潜能发展为显性的能力离不开家长的培养。能力对孩子一生的发展起着至关重要的作用，不同的能力有不同的培养方法，但只要家长在日常的点滴中有意识地引导，并懂得扶和放的分寸，那孩子的能力也就在无形中形成了。

避免盲目赞美

　　在培养孩子成为一个有自信心的人的路上，家长最常用的方式是赞美，几乎所有的家长都认为赞美是避免孩子自卑的一剂良药，所以他们会找不同的机会尽可能地赞美孩子。但家长是否想过赞美也有合理和不合理之分，就如同用药，如果用量过猛可能会适得其反。

　　奇奇是一个性格比较内向的孩子，妈妈希望他能更外向些，便向其他家长请教方法。通过和一些家长的交流，奇奇妈妈认识到是自己从小没有给孩子营造一个自信的氛围，于是决心改变自己的教育方式，多给孩子一些肯定。自此之后，奇奇妈妈会对奇奇做的每件事都给予鼓励。作业写完了之后，奇奇妈妈就会鼓励他"奇奇，你真棒，作业写得又快又好"；做完了交代的事情，奇奇妈妈就会肯定他"奇奇，你真听话"；在和外人交流的时候，奇奇妈妈就会摸摸他的头"儿子，你真勇敢"……刚开始的时候，奇奇似乎有一点改变，如作业完成得更快，也会主动和认识的人打招呼。但是，过了没多久，奇奇又陷入了沉默。一次，奇奇妈妈正对着奇奇的手抄本称赞不已的时候，奇奇忽然冷冷地讲了一声："每次都这样，好假！"奇奇妈妈愣住了，她不知道该怎么

第一部分 有效沟通

做才能让孩子感受到赞美的力量，才能让他自信起来。

在这个事情中，奇奇真的接受了妈妈的赞美吗？因为奇奇从小没有生活在一个受肯定的环境中，妈妈突如其来的表扬让他的心里有了一些触动，并得到了一个短暂的驱动力。但是，这个新鲜劲儿过了之后，奇奇发现妈妈的这些鼓励只不过是一些安慰，因为在他的心底并不觉得自己是妈妈口中那个勇敢、聪明、听话的孩子。被妈妈表扬的作业在学校没有得到老师的表扬，比其他同学的逊色多了；自己一个人在陌生人面前时，他还是开不了口；为了得到妈妈的表扬，他努力表现出听话的样子……所以妈妈这样重复性的、频繁的表扬听久了，奇奇不仅觉得腻烦，更是不愿意相信。

很多家长像奇奇妈妈一样，认为赞美能够帮助孩子建立自信，成为一个外向型性格的人。实际上，家长在赞美孩子的时候一定要注意方式和方法。

一是避免空洞的赞美。因为家长认为孩子喜欢听表扬的或好听的话，而在每一件事情上没有原则和事实依据的赞美是无效的，具体表现为无视孩子的实际情况，为了鼓励而敷衍着孩子，"你真棒""你好聪明""你太厉害了"……这样的赞美只是一时的听觉愉悦，久了就会失效，最重要的是孩子在这样的语言中听不到真诚。

二是学会把赞美具体化。要让孩子真切地感受到自己的突出之处并在这方面受到鼓舞，就需要家长把赞美具体化，清楚地让孩子明白他好在哪里。比如奇奇妈妈在表扬孩子作业的时候，就可以用"你昨天做作业花了两小时，今天只花了一个多小时，并且比昨天还写得工整，这个进步真不小"；奇奇妈妈在表扬孩子交流的时候，就能用"今天你能主动和别人交流，虽然还有妈妈的鼓励，但最终是你自己敢于开口了，妈妈觉得很开心"，这样孩子就能在表扬中寻找到自己的优点在什么地方，并记住这个被表扬的点，反复强化之后就成为他的习惯。当然，表扬的具体内容是依据孩子的进步随时变化的。孩子进步了，你肯定的点也变了。

总之，赞美确实是激励孩子的一种有效方式，但家长需要慎重使用，那些不过脑的或不走心的盲目赞美反而会引起孩子的困扰。因此，家长应在孩子的成长变化过程中随时调整赞美的语言和方式。

孩子的天赋

央视第一届《中国诗词大会》上有一个名叫赵则淳的选手给观众留下了深刻的印象。这个小男孩参赛的时候才7岁，却表现出惊人的诗词储备量及灵活的运用能力。后来，我从对赵则淳的采访中了解到了他的成长故事。

赵则淳并不是出生在书香世家，他的爸妈都是警察，但都是诗词爱好者。赵则淳刚学会说话的时候，他的爸妈就教他背一些简单的诗词，多数都是在玩耍的过程中渗透，并没有专门学习。后来，他的爸妈发现孩子在这方面有一定的领悟力，也表现出了兴趣。于是，他们便决定让孩子系统地接触诗词，并给他制订了一定的计划，从一句一句跟着诵读到慢慢地增加诗意的理解，再到难度较大的古文。6岁的时候，他的背诵量是300多首诗词，到了7岁的时候，就有了500多首。

如果家长能适时发现孩子的天赋并进行合理的引导，那孩子的人生就会少走许多弯路。像文中的赵则淳，如果不是父母的挖掘和引导，他不会有这样的童年，也不会为未来的人生打下如此深厚的基础。在这一点上，他们无疑是成功的。

其实，多数孩子都有隐藏的天赋，关键在于发现和后期的开发。孩子天赋的发现需要家长有细致的观察力和敏锐的感知力，以及合理的引导方法。

首先，天赋的挖掘需要家长多观察孩子的日常行为。生活中，除了部分"神童"会表现出明显的智力或某方面的特殊优势之外，多数孩子的天赋往往是隐藏的。这些天赋会折射在日常的细节中，比如孩子对某个东西所表现出来的偏好以及对某个东西的专注力都是可能发展的点。那家长就要在孩子的日常活动中多留心，不要忽视常规性动作的重要性。

其次，家长可以给孩子一些试探性发展的空间。孩子天赋呈现出来的方式有时并不显著，家长在发现可能点的时候就要给孩子发展的机会，而不是视而不见。比如，看到孩子坐不住的时候不要盲目地责怪他不听话，可以试着带他参与户外活动；比如看到孩子对家中的东西具有较大破坏力的时候，你可以试着看看孩子是不是有拆装方面的动手能力。当你发现这样的可能性，就要提供给他尝试的机会，可以是娱乐化的或寓教于乐的，让孩子在玩的过程中一步一步释放潜能，再进行系统化训练。

最后，家长能尽量地给予孩子发现自我天赋的机会。"见世面"是家长常说的词，这自然有其道理。如果孩子只陷在一个狭小的空间内，他自然没有表现的平台，也就没有展现潜能的机会。要是他能接触不同的人和事物，表现得多了，他的长处和短处才能体现出来。有些家长也会在家中给孩子营造一个学习环境，给孩子提供接触文学、体育、美术等各个领域的机会，从而让孩子更好地呈现出他的优势。

"天生我材必有用"，每个孩子都有自己的天赋，希望家长能用心挖掘孩子的"小宇宙"。在孩子天赋挖掘的过程中，家长切莫心急，否则走错了方向就成了一条遥不可及的路了。

放养孩子原则

在曾经任教的时间里，我教过这样一个孩子：一年级的时候，他的语数成绩就在及格线之下；到了二年级的时候，便开始隔三岔五不写作业。最开始的时候，我会利用课余时间教他把作业补上,到后来他干脆就放弃了写作业。这期间我也反复和家长沟通,家长都是嘴上应承,而没有落实到行动。到了三年级的时候,我的工作量增多,他的作业量也增多,每天留着他补作业已不是长久之计,我就和他的家长进行了面对面的深谈。结果这次深谈我才清楚家长的真实想法:"我们家的孩子不爱写作业,对这些东西不感兴趣。他的思维比较特别,老师你们要因材施教。还有,你不要给我的孩子施加太多的压力,他的童年快乐最重要。我们家倡导的是美国式教育,你们可能不太懂,反正你给我的孩子自由,让他做自己就行。"

"快乐""自由""做自己",多么美好的词语,这不正是很多家长希望自己的孩子拥有的一生吗?可这个孩子最终发展成什么样了呢?学习自然就不用谈了,不仅基本的文字表达能力都没有,数字能力也是一塌糊涂。到了四年级的时候,他还出现了间歇性逃课的现象,常常让老师和同学四处找他,而他还像没事人一样。

从一年级到四年级,这样的放养方式倒让他的妈妈落得轻松,因为孩子完全不需要操心,单从学习不用管这方面就"省事"了不少。但到了五年级下学期的时候,他的妈妈却几次跑来向我寻求帮助:"老师,我们家的孩子现在完全不听我的话,他甚至都不想听我说话。你帮我管管他,让他放学之后直接回家,还有回家之后不要只打游戏。我们现在都没什么话可以聊,他都不和我讲话。"

相信这个妈妈以后不会太轻松吧！"快乐""自由""做自己"，这样的生活谁不向往，但这个妈妈却产生了错误的理解并选错了方式。

在"放养型教育"的概念诞生之初，它的背后就有给孩子自由、注重规则和纪律的双重含义，这个妈妈却断章取义了。自由和约束从来都是相伴相生的，放手和管教也是同生共存的，只取其一是偏向性发展。

作为孩子，他的世界观和人生观并没有形成。"放养式"的方式会让孩子在复杂的环境中无所适从，无法分辨是非对错。他们的内心没有可以遵循的原则，很容易迷失方向，最终走错路；而长期的散漫让孩子失去了被约束的意识，从而可以随意地无视规则，打破秩序。而一个孩子处于长期没人管的状态下，还可能让他产生"我没人管""没人在意我""父母不爱我"这样的潜意识，而否认自己的存在感。

因而，放养不是放纵，它必须建立在一定的原则之上。

一是家长应认识到"放养"的危害。放任孩子自行成长确实能给予孩子自由，也能让家长轻松，但这样的自由和轻松仅是短暂的，取而代之的是让家长和孩子用更长的痛苦来为曾经的行为埋单。

二是把握"放"与"严"的度。这两者就如同天平的两端，偏向任何一方都会失衡，这样的失衡就是孩子心理的失衡。父母需要给予孩子一定的自由和权利让他培养自己的能力或者是做自己，但这根线必须握在父母的手中，放得太远的时候适当收一收，离得太近的时候就放一放。

在教育界流行一个词——静待花开，每个孩子都有自己的花期，老师和家长都需要耐心等待不同的花期。但这并不代表放任不管，毕竟花需要阳光和雨水才能绽放出它的美丽。只有有原则性地放养，孩子才能获得长久的自由和快乐。

承认孩子的优秀

在网上有这样一个流行语，"有一个人，他十项全能，但他是别人家的孩子"。透过这句话，我们能读到多少家长对自家孩子能力的忽视，能读到多少孩子的无奈。"望子成龙""望女成凤"，做父母的总想着让自己的孩子更优秀，却没有看到孩子已经拥有的优秀。

湖南卫视《少年说》节目中就曾经有过这样一个事例。

一个初中的女孩上台对着台下的观众说："我来是要吐槽我的妈妈。"接着她讲述了她的妈妈在学习上给予她的压力，因为每一次考试妈妈都要拿全班第一、全年级第一、全校第一、全联盟第一的好朋友和自己对比。

妈妈甚至对孩子直言："你成绩这么差，为什么她会和你做朋友呢？"

面对只看到别的孩子优秀和自己的差劲的妈妈，小女孩带着哭腔对着妈妈大喊："孩子不是只有别人家的好，你自己的孩子也很努力，为什么你不看一下呢？"

听到这样的话，家长是否会反观自己有没有这样的教育习惯？永远喜欢拿别人家的孩子和自己家的孩子比，而且往往选择那一个最优秀的来打击孩子，希望自己的孩子也能像那个孩子一样优秀。可家长听听孩子的心声，他也渴望成为最优秀的，只不过在他的世界里他已经尽力做到优秀了。因为达不到家长眼中优秀的标准，孩子就不优秀了吗？

每个孩子擅长的领域不同，孩子成长的时期也不尽相同，更何况优秀也没有统一的标准，家长又何以凭一时之优秀和一个领域之优秀来给孩子判处"缓刑"呢！这对他而言，是一种努力被全盘否定的打击。

原本以为台下的家长会意识到问题所在，并给孩子安抚，但这个家长依然有自己的一套教育理论。

"我知道我一直都在打击你。因为我认为就你的性格而言，如果我不打击你，你可能就有点'飘'。"

这个家长的理论应该说出了很多家长的心声。骄傲是学习上的死敌，孩子只有沉下心一步一个脚印才能拿高分，所以需要不停给孩子刺激，让他时刻保持警惕性。为了不让孩子"飘"起来，家长不惜运用"激将法"，这个方法对部分孩子而言比较受用，但并不是针对所有。

第一部分　有效沟通

就如故事中的女孩，听到妈妈的回答之后，向妈妈解释着她并不适合激将法，相反这样经常性的打击只会让她认为自己很差。尽管在生活中女孩已经为自己做了多次这样的辩解，但家长从来都没有改过。只要考试成绩一出来，家长总会说孩子的成绩是差的。

承认自己家孩子的优秀真的就这样难吗？

成年人的世界有一套评价优秀的标准，但孩子不一样，他需要从大人的世界和他人的评价中明白何谓优秀，他需要得到肯定来激发自己的积极行为，来反观自己的存在价值。一个长期没有得到肯定的孩子不会感受到自己身上是闪闪发光的，因为他没有这样强大的内心。父母作为孩子最亲近的人，如果都不认可自己的孩子，那孩子的自信从何而来？

"给你点阳光，你就灿烂"，虽然不是夸人的至理名言，但要让一个人灿烂起来就需要给他点阳光，这是不可否认的。想让孩子的世界灿烂，父母给予他的肯定就是那一缕阳光。这就像埋在孩子心中的种子，在家长一日一日的呵护下便会发芽、生长、开花，最后结成一颗自信之果。

而如果家长没有在孩子身上用对心思和方法，那再优秀的孩子也会变得平庸。因此，在评价孩子是否优秀的时候，家长一定要审视一下自己的所作所为。

原则三
正确对待孩子的错误

不放纵每一处错误

"算了,他还是一个孩子。""没关系,小孩子犯错难免。""就这么点小事,没事。"……这些口头禅在我们的生活中是不是非常熟悉?的确,孩子还小,他的世界观和人生观尚没有形成,他的思想和身体各方面的机能正在发展,他还没有具备完全为自己的行为负责的能力,他的心是单纯而善良的,所以,这个世界应轻易地原谅他的错误。

然而,事实告诉我们,孩子的错误是最不应轻易原谅的。

这些年,"熊孩子"的事件在社会上引起了强烈的反响,诸如某孩子将花盆从高楼砸下砸伤行人;某孩子将路上停的车辆刮花;某孩子推倒孕妇;某孩子将小孩从高楼推下……这些行为细想之后不禁让人内心发凉。

看到这些,谁还能怀着包容的心来原谅他还是个孩子呢?最是无辜的孩子有时是会"杀人"的,怕是他的父母已悔之晚矣。

大祸已酿，谁能为这样的行为埋单呢？

毫无疑问，这样的"熊孩子"不是一日养成的，他们没有约束力和分寸感的行为是生活中每一次错误被轻易放过的负累积。

前两年在《广州日报》上看到这样一则新闻：三年级的教室里，老师带着孩子们玩报数的游戏，规则是单数是男孩起立，双数是女孩起立。当女孩起来的时候，一个男孩将自己的油性笔笔尖朝上立在了同桌女孩的凳子上。女孩毫无意识地坐下了去，结果对女孩的身体造成了严重的伤害。但出事之后，男孩的父母却为了照顾自家孩子的情绪，以"还是个孩子"来安抚男孩，并给他请了假，然后把一半的责任推到学校，之后甚至不愿意承担女孩的医药费。

"还是个孩子"何时成了孩子逃避责罚和责任的保护伞了？即使这对父母在家会对这个孩子批评教育并让孩子保证以后不会再犯，可没有站出来直面错误的孩子怎会明白这样做的后果多严重，怎会在心底意识到自己的行为也需对他人负责？

有些家长认为，自己也是一路从错误中成长过来的，也一样生活得好好的，孩子的错误没必要大惊小怪，那便是家长自己犯的另一个错。

的确，孩子犯错是难免的事，可关键在于家长如何处理他犯下的错误。那些犯过错没有走偏路的孩子一定是父母给予了引导。如果家长能和孩子共同承担并在错误中让孩子吸取教训，那这个错误就是孩子成长中的一课；若是家长袒护孩子逃避罪责或将错误等闲视之，那孩子就会顺着这个错误继续走下去，直到错误越来越严重。

在日常生活中，家长应学会让孩子为自己的错误埋单。比如最常见的是孩子因发脾气而随意摔东西，家长不仅不能替孩子收拾，也不应修补或重买摔坏的东西，这是他控制情绪失当应承担的后果；孩子在和其他孩子的冲突中受到伤害或伤害了他人，家长不应被情感左右而偏袒自己的孩子，而应在分析彼此的错误行为之后做出相应的惩罚等。总之，要让孩子意识到，每个人在错误面前都是平等的，都要为自己的行为负责。

"小时偷针，大时偷金"是我们从小就知道的道理，如果我们没有在孩子小的时候规范好他的言行举止，那随着年龄的增长，他做的事情会越来越难以控制。别让你的放纵，成为孩子成长路上的凶器。

增强孩子反省能力

"以铜为镜，可整衣冠；以人为镜，可照得失"是盛世之君唐太宗的为君之道；"吾日三省吾身"是孔圣人的修身之道；以写反思日记来进德和修业是一代政治家和文学家曾国藩的立身之法。无论在何朝何代，反省能力都是一个优秀的人安身立命的根本。

第一部分 有效沟通

时至今日，自我反省能力仍是一个人认识自我、完善自我的必要条件。为孩子长远打算的父母，应用心培养孩子自我反省的能力。可在生活中，父母常常扮演着替孩子反省的角色，孩子则成了反省结果的执行者。

曾经在亲戚家做客的时候，我看到过孩子他妈辅导孩子作业的情景。孩子他妈先是让孩子自行写作业，然后来检查对错。"这道题怎么这么写的，擦掉重写。""这道题不对，老师上课没教啊！""你看看你，一张试卷错多少道题。"整个检查作业的过程，我就听到孩子妈对孩子作业错误的不断指责。孩子就在"哎呀，我知道了""好喽"的回应中边擦边改。

孩子妈看到孩子这么多的错误，情绪自然不怎么好，而孩子被妈妈这样或那样地指责，心情也好不到哪儿去。至于这错题的改正效果，可想而知。

在生活中，这样唠叨的妈妈随处可见。"你这个不对。""你又把东西弄乱了。""怎么这么个事情都办不好呢？"妈妈的语气里总是带着指责的情绪，但孩子却始终学不会怎么做。因为妈妈只做了指责这件事，而没有教会孩子为什么会这样和以后该怎么做。

孩子作业出现错误的时候，家长这样表达，"你再仔细看看这道题，回顾你的解题步骤，可能会在哪一步出现问题。你再试着做一道同类型的题，看看这个错误是不是真的理解了"；孩子把东西弄乱了的时候，家长可以给他做示范，"如果你像妈妈这样做，东西就会有序"，并在合适的机会让孩子操练一遍；而当交代孩子做的事情没有办好的时候，家长可以引导孩子描述一遍他做事的过程，再让孩子在这个过程中寻找没有做好的原因。

增强孩子的反省能力不仅是让孩子认识到行为的不当，更应让孩子意识到不当的原因并吸取教训而在日后优化自己的行为。以反省来督促日后的行为，成就一个更好的自己才是它的最终目的。当这种模式已成为孩子的一种习惯之后，家长更应培养出孩子主动自我反省的能力。

多数情况之下，孩子的行为不当都是家长指出来的，若没有家长的点拨，他对完善自己的行为毫无概念。家长便要教育孩子养成反省自我的习惯，可以是以日记的形式，可以是父母谈心的方式。例如，家长每天回到家的时候，和孩子进行一次对谈。家长可以用自己的行为打开话题，"妈妈觉得今天在工作中有一件事情处理得不对，如果我能这样做，那……"从而引导孩子来回顾自己这一天的表现。好的习惯是时间的产物，如果这样的对话能成为家庭的亲子时间，不仅家长和孩子都能增强反省能力，也培养了亲子之间的感情。总而言之，孩子要形成反省能力，他的反省应是主动的、自觉的，这才会形成他生活中的一部分。

在孩子增强反省能力的过程中，父母应在适当的时机给孩子渗透勤奋、诚信、正直等正向的价值观来强化他的行为，让他能清楚地辨析是非对错，以免他的思想和人格出现偏差。

当然，如果家长能带孩子多参与活动或是让孩子增长更多的知识见闻，就能让孩子在经历中有更全面的反省，从而拥有更多的能力和更丰富的心灵，也能更好地把握自己的人生方向。

从细节上纠正错误法

一群孩子站在一起的时候，我们往往看不出来他们之间有怎样的差别，可当他们有言行举止呈现出来的时候，就能猜测出他们家庭的基本素养。因为一个人的言行举止里藏着的细节展现出了他的教养。

春节的时候，大小伙伴们聚会，小孩子也凑了一桌：有的孩子规规矩矩坐着吃饭，有的孩子不停地转动桌盘，有的孩子到处跑来跑去，有的孩子把喜欢的菜放在自己的旁边，有的孩子会给旁边夹不到菜的孩子夹菜……这些并不起眼的行为背后就是一个家庭对孩子在细节上的要求。

同样是吃饭夹菜的问题，我想起了曾经和我同桌吃饭的一个朋友。那天，他带着孩子提前来到了饭桌，他的孩子才读二年级。刚到饭桌的时候，朋友便再次和孩子强调这是一个怎样的聚会，并和孩子约定了散场的时间，因此孩子一开始就乖乖坐在了座位上。等菜上来的时候，朋友便小声地提醒孩子："有一个伯伯开会晚了会迟来一会儿，我们等着他来再动筷子是对他的尊重，现在你可以和爸爸先玩一会儿。"吃饭的时候，孩子夹菜有一点够不着，但我发现每一次他都会把碗往前递一递来接住菜，以免油滴在桌子上。吃饭的全程，他都没有喊着"爸爸，我要吃这个""爸爸，我要吃那个""爸爸，我夹不到菜"，而是安静地自行解决。

我被这个小孩吃饭中所体现出来的素养惊到了，但又能理解他的行为，因为他有一个随时在引导着他的行为细节的爸爸。父母关注着孩子的细节，那孩子也会在他的一言一行中体现出教养。但日常生活中，父母更多看重的是孩子的整体发展，只要孩子的行为没有影响大方向，也就没有干预。

在气象研究系统中一个现象叫蝴蝶效应，它描述的现象是一只蝴蝶在亚马孙河流域的热带雨林中扇动几下翅膀的运动会导致空气系统发生变化，从而引发一系列的连锁反应，能引起美国得克萨斯州两周后的一场龙卷风。其实这种现象所要说明的是："在一个动力系统中，初始条件下微小的变化能带动整个系统长期的、巨大的连锁反应。"

如果将这个理论迁移到家庭教育中，它也同样适用——家庭教育中任何一个细节的改变都无声地影响着孩子的发展，日积月累就成为孩子的一言一行，成为他生活的姿态。孩子和孩子之间的天资并没有多少差异，让他们渐渐拉开差距的是细节中的习惯，而生活本来就是由细节组成的。最终，那些看似不重要的细节才是一个人水平高低的体现。

每个家长都不希望自己的孩子被贴上"没教养"的标签，那家长就不能忽视细节的力量。比如，不要轻易对他人做出评价；

在他人发言的时候学会倾听；在小事中信守承诺；有礼貌地对待身边的人；遇到事情的时候别随意抱怨他人；真诚地对他人表达感谢；不随意动他人的东西，等等。

当然，让孩子成为一个注重细节的人，家长就应是一个孩子的一面镜子，成为他的示范者。当孩子在细节上的行为表现不当的时候，家长应及时纠正而不是以"下次注意就行"来带过。家长还应让孩子意识到，细节中的教养是他人生中独一无二的财富，是一种悦己的生活习惯，不应成为一种表现给他人看的功利性表演。"孩子智力开发与艺术素质从小培养固然重要，但生活习惯的教养也绝不能忽视，且教育必须从细节开始"，这是教育家马卡连科告诫我们的，有智慧的家长能读出它的内涵并能在生活中践行之。

增强错误记忆力法

常言道"吃一堑，长一智"，可总有家长抱怨，我们家的孩子怎么同一个错误犯几次也不长记性呢？于是，我们就会听到类似于"我都跟你说过多少遍了，你怎么老是不长记性呢！""你到底长没长脑子啊！""你的记性是不是被狗吃了！"这样的责骂，结果下次孩子依旧会犯。其实并不是孩子没有意识到错误所在，重犯错误是因为他对错误的记忆力不深刻，这个错误没有在他内心留下深刻的印记，或者说是没有给到他足够的教训。

天天是一个很爱赖床的孩子，每天都要被喊好几次才从床上爬起来。对天天妈来说，每个上学的早晨就是一个"起床大战"。为了不让天天迟到挨批评，母子俩每次都是火急火燎地赶到学校。这样多次踩在迟到边缘线的经历让天天妈终于决定采取行动了。一次，天天依然赖床，天天妈就放弃了"战斗"，毫无疑问那天就迟到了。迟到的后果就是天天被老师批评，并且放学之后被留下来读课文。那天回来之后，天天就积极要求妈妈喊他起床，第二天他们早早就到了学校，这场大战就这样告一段落。

明知道赖床可能会迟到，但天天还是养不成早起的习惯，那就让他亲尝一下赖床的后果。因为迟到会受到惩罚，这个是他不愿意的，这个直观的体验比和他说教多少遍都更有效果。不要害怕孩子会在错误中受到惩罚，让孩子直面自己的错误所带来的后果，这个错误才会给他留下记忆，孩子吸取的教训多了，犯的错误自然就少了。

但是在让孩子为自己的错误埋单的过程中，家长有时候会进入一个误区，认为只要给了孩子惩罚他就会长记性。写作业是家长最头疼的问题之一，只要能让孩子每天回来按时写作业，家长能采用各种不同的方法。比如，如果第二天要春游，家长就会以作业写不好明天就不要去春游为催促的理由；如果明天有家庭聚会，家长就会以作业写不好明天就不要跟哥哥姐姐一起玩为理由。可是，写作业和春游、家庭聚会之间有多少直接的联系？这样的方法会让孩子产生"不去就不去"的逆反心理。类似这样的惩罚还有饭没吃完明天就没有零花钱，不洗澡就不给你买新衣服，等等。这样的惩罚方式没有让孩子对事件本身增强记忆，反而让孩子觉得是这件事影响了其他的快乐而排斥这个事件，从而难以改变。

那如果惩罚是针对事件本身的，那就是一种及时的纠正。对不吃饭的孩子，最直接的方法就是让他饿肚子，他就会意识到下一次如果不吃饭就没有饭吃；对打扫卫生的时候没有做收尾工作的孩子，你就让他把没有完成的部分完成并新增一片小的区域，他就会意识到做事情要做到位；对于喜欢发脾气乱撕东西的孩子，你就让他把撕了的东西粘好，而不是扔到垃圾桶里进行别的惩罚。在事件本身上进行记忆的强化，他才能在这件事上吃一堑，长一智，做到把该做的事情做好。

孔子有言，"不迁怒，不贰过"，要做到不重复错误其实并不是容易的事。除了让孩子自行承担犯错误之后的后果，让他对"不贰过"有清醒的认识之外，父母在平常的教育中更应让孩子学会知耻后勇、亡羊补牢。错误本身不是财富，在错误中吸取的经验教训才能让他受益终身；而重复犯错只不过是教训的机械复制，毕竟聪明人不会在同一个地方摔第二跤。

在处理孩子的错误的过程中，家长须牢记的是惩罚的最终目的不是为了让孩子付出代价，而是让他在错误中学习经验，在经验中成长。

培养孩子的理解能力

邻居家有两个小女孩，一个读五年级，一个读三年级。两个女孩都由全职妈妈在家陪同学习，辅导妹妹的资料都是姐姐曾经用过的，辅导的方法也大致相同，但每一次姐姐的成绩都比妹妹突出。在对两姐妹的试卷进行细致的对比分析之后，全职妈妈发现在背诵记忆的基础知识上，两姐妹不相上下，可一到运用的题目，妹妹就落后姐姐一大截。她这才明白，即使是用同样的方法，如果理解力不同，最终效果也是很不相同的。

孩子学习成绩提升的一个关键因素就是理解能力，而理解能力影响的不仅是孩子的成绩。理解能力强的孩子能较快地明白对方所表达的内容并迅速采取行动；相反，理解能力相对差一点的孩子在沟通和行为方面都会稍微慢一些。总之，理解能力影响的是孩子学习和生活中的方方面面。

曾经有专家做过分析："人类掌握知识的过程，必须在理解的前提下进行，而理解能力是在儿童时期逐渐培养和发展起来的。"

在培养孩子理解能力的过程中，好奇心尤为重要。当下，很多人都在吐槽应试教育，因为他们认为这样的教育把孩子培养成了同一个思维模式，这样的说法一定程度上是指孩子思维的僵化和定式。不停地做题和刷题容易让孩子陷入思维的固定区域，时间久了，就再难以有发散性思维。思维都是一潭死水了，理解能力又怎么活得起来呢？让孩子保持好奇心，他就会不停地去追问、去探索，才会打破思维定式。

因而，家长要给孩子多问"为什么"的机会，并学会引导他多问为什么。追问的过程就是思考的过程，就是深刻挖掘思维的过程，这样，理解力就会在不知不觉中得到加强和提高。不要以一声"你怎么那么多问题""你知道答案了就行了"来让孩子回到被动接受的领域；家长要原谅孩子在试卷上的"不同理解"而不是服从于标准答案所丢失的分数，因为他只是以自己的理解进行了一次表达，如果这样的方式被无情地扼杀，他就不会有理解上的突破；家长要让他保留自己的兴趣爱好，而不是让他的生活中仅剩下学习。兴趣爱好能拓展孩子思维的广度，接触不同的事物能丰富孩子的知识面，都有助于理解能力的提升。

对于那些理解能力较差的孩子，家长更要多一些耐心去引导。孩子尚处于思维发展的阶段，他的抽象思维能力较弱，家长在辅导孩子的过程中就可以用直观性思维的方式给孩子进行引导，比如出示实物给孩子体验；比如借助绘画、动画等形式，一步步加大难度，形成理解能力的递增梯度。依据理解能力的不同，而采取不同的行动。

其实，培养孩子的理解能力，生活就是最好的老师。家长要学会在日常生活中去渗透,如在大自然中理解自然现象,在生活常识中理解一些基本原理。若是家长能有意识地引导孩子在体验中活用所学知识,并成为生活中的一种习惯,孩子的理解能力就顺其自然地形成了。若只是在书本中教会理解能力,这样的理解仅仅是停留在表面,只有被运用过的知识才能成为个人知识体系中的一部分。

此外,家长应看到理解能力的培养是循序渐进的,罗马尚且不是一天建成的,打好理解的地基才能稳步发展。同时,不要随意责备孩子,给彼此一点成长的时间,也给彼此更多的自信,才能良性发展。

长大了就会懂事?

懂事,是中国家庭教育中听到的最频繁的词语。家长常常用"你家的孩子真懂事"来夸奖别人家的孩子,用"你能不能懂事一点"来要求自己家的孩子。所以,在孩子的世界里,懂事就成了好孩子的重要标准。

在社会上,有一类有着"讨好型"人格的人,他们典型的特征就是不会表达自己内心真实的想法,为了迎合别人和让他人顺意而委屈自己来遵从他人;他们总是害怕自己做错事,敏锐地感受着他人的想法,担心自己的言行会惹他人不满而格外小心翼翼;

在他人的要求之下,他们更是没有原则和底线,一味地应承而不懂拒绝。这类型的人善良、脾气好、容易相处,但这类型的人活得都很累,因为他们过分在意生活中的每件事,并希望达到人人都满意的结果,如果做不到就会自责和悔恨,他们的内心难以做到真正洒脱和自在,而是背着很重的思想包袱,被捆绑和压抑。

家长都希望自己的孩子能健康、快乐,能活出自己,但为什么自己用心教出来的孩子最终却成为这样呢?"讨好型"人格形成的一个重要原因就是从小到大被灌输着"懂事"的理念。

"老师布置的任务,不管合不合理都要完成,因为要让老师满意。"

"这个东西不能买,你要替家里想一想,爸爸妈妈赚钱多不容易。"

"好的东西要先让给弟弟妹妹,因为你是哥哥姐姐。"

"不能在其他人面前表现出生气,这样会让别人不高兴的。"

"你要懂事,懂事了别人才喜欢。"

……

我曾经读过作家刘继荣写过一段关于她女儿懂事的片段,直到现在想起来都会有一种心疼的感觉。她女儿在读幼儿园的时候在学校的饭量总是超出其他孩子许多,有时候已经饱了还要继续撑着肚子吃下去。幼儿园老师担心这会影响到孩子的健康,就和刘继荣讲了这事。刘继荣听后也觉得不可思议,平常自己并没有对孩子有这样的要求。她甚至觉得自己的孩子有点傻,想回家以后好好训斥一番。然而当她从另一个家长那儿得知女儿拼命吃饭的原因之后，就再也生不起气来。因为她的女儿觉得妈妈工作很辛苦，如果自己吃饱了就不会生病，并且还会快一点长大来分担妈妈的劳动，这样妈妈就会夸她懂事，也就不会再烦她了。

家长是会夸这样的孩子懂事，还是带着更多的心疼呢？孩子的天真、淘气，甚至是任性本来是他的天性，可是在某种生活环境之下或者某些要求之下他被迫收起了这些原本属于童年最珍贵的东西，而成了一个大人。有些人终其一生都没有走出自己的童年，因为童年是人这一生最值得珍藏的人生阶段啊，家长怎么忍心用"懂事"来义正词严地剥夺呢？

给孩子一些自由吧！让他倾吐自己内心真实的感受，让他打破成年世界里的那些框框架架，让他哭着、笑着、闹着，让他也能对他人勇敢地说"不"，让他偶尔叛逆，让他偶尔犯错……

每个孩子都有不同的成长期，有些孩子到一定的年龄才会懂事。过早地要求孩子懂事，只会让孩子从被迫懂事到主动渴望认可而形成"讨好型"人格。寓言故事"拔苗助长"告诉我们，为了让禾苗快速地生长而把苗拔起的方法只会导致它的快速死亡，因为它打破了植物的生长规律。那些和年龄不相符合的成熟懂事只会牺牲孩子本来的成长规律，在他的心中留下看不见的伤痕。"懂事"不是一件理所当然的事，顺应孩子的成长期，就如同顺应植物的生长规律一般，让其自然地成长为自己吧！

第一部分　有效沟通

抛开巨婴症

2018年,"巨婴"一词被《咬文嚼字》公布为年度十大流行语。所谓巨婴,就是那些生理年龄已到成年,但心智水平依然停留在婴幼儿阶段的"伪成年人"。这类人的主要表现是缺乏社会规则意识和责任感、担当感,习惯以自我为中心。如果生活中的现状不能满足于他们的想法时,他们便会以哭闹、肢体冲突等过激的行为来迫使周围的人服从于他们。他们不管是否给他人或社会带来的不良影响,只要能达到自己的目的,只要不违背自己的意愿,就可以随性而为。

随着社会的发展,巨婴现象却越来越多。诸如大学毕业之后不工作而继续心安理得地让父母供养;对工作毫无责任感的任性而为,不顺意就辞职,让单位和父母为其行为埋单;生活中出现一点麻烦就随意喊话公安、大使馆等政府机构;团队出行的时候随心所欲,不遵循约定的时间,也不服从于路线安排;在高铁或公交上理所当然地霸占爱心座位……2018年,有一名女士阻拦高铁发车的视频在网上非常火,理由就是"等老公来"。为了等她迟到登车的老公,这名女士拒绝了高铁工作人员和身边人的劝阻,甚至拿出了撒泼打滚的绝活儿,让全车人陪着一起等。

巨婴们的行为就是这般!在他们的视角,全世界都应围着他们转。当巨婴现象在网上讨论开来的时候,他们被网友们一致"痛批"。没有人喜欢巨婴的行为,但巨婴也不是天生的,他们是时间的产物,是家长在无形中把自己的孩子培养成了巨婴。

物质生活已经相当富足的当下,孩子衣食无忧。家长们想把一切最好的都给家中宝贝,有时常常是一家六口围着一个或两个孩子转。读怎样的学校、找什么样的工作、和什么样家庭的对象结婚,这一生的路家长都已经铺排好了,还需要孩子自己做什么呢?

真正富有的家庭培养出来的孩子是让孩子独立承担自己的人生。

给孩子动手的机会。当今社会确实不需要孩子辛苦为家庭减轻负担,但孩子如果能承担一部分家务,自己的事情自己动手做,懂得为家庭付出,他就更有一份对这个家庭的责任感,就更有一份作为家庭成员的参与感。

给孩子偶尔的"忽视"。一家人吃饭的时候,好吃的都夹给孩子,话题的中心点都在孩子;家里做决定往往都是以孩子的意见为准;孩子提出的要求家长基本都会满足,这就会给孩子一种优越感,他就是这个家庭的中心。如果家长能把注意力从孩子身上迁移,能给予他偶尔的否定,不把孩子的需求看得那么重,孩子就能学着适应社会对他的"不满足"和冷漠感,而不会表现出情绪上的大波动。

给孩子自由的空间。这个世界上永远都有这一种父母叫"不放心",他们巴不得孩子时时刻刻都在自己的关注之内,仿佛离开了自己的视线,孩子就会不安全。在孩子成长的过程中,跌倒受伤是在所难免的。只有让孩子去接触其他的人、事物,他才能有自己独立的生存能力和判断力。父母是无法保护孩子一辈子的,总有一天需要放手,那不如让这个历练的时间更长一点,让他的生存能力更强一点。

给孩子承担错误的勇气。孩子犯错是正常的事情,父母如果担心孩子受惩罚而替其遮掩或承担,那孩子就会渐渐地肆无忌惮。只有让他自行面对错误,接受惩罚,他才会在错误中有规则意识,才能有社会责任感。

"一切都让给孩子,为了他牺牲一切,甚至牺牲自己的幸福。这是父母送给孩子的最可怕的礼物。"巨婴的背后大体都有这样一个"无所不能"的父母,希望家长都能有自己的生活,也让孩子有独立的人格,因为这个社会真的不需要巨婴,这既是对家庭负责,也是对社会负责。

原则四
优化表达的精准性

爱,也要说出来

如果将这样一个问题抛给你的孩子,"你觉得你的爸爸妈妈爱你吗?"有多少父母有信心能得到孩子确定的答案?父母爱自己的儿女,这几乎是不容置疑的,可儿女却没有感受到,这究竟是在何处出现了问题?

在某次家长会上,我录制了一个"爸爸妈妈,我想对你说……"的视频。在录制的时候,孩子们几乎都会在镜头结束之前对爸爸妈妈说一声"爸爸妈妈,我爱你们"。可当我问到他们生活中有没有对爸妈说过类似的话,他们却非常羞涩地告诉我没法儿说出口。

"那不肉麻死了。"

"爸爸妈妈也会不好意思的。"

"那样说好尴尬啊!"

当我反问他们的爸妈有没有对他们说过类似的话时,他们也摇头表示否认。"那你们希不希望爸妈对你们这样说呢?"他们有些点头,有些没有回答我而躲在了其他同学的身后,但都露出了害羞而幸福的表情。

家长会那天,当这个视频出现在家长们的面前,几乎所有的家长听到孩子们的告白之后都潸然泪下。后来他们告诉我,小的时候孩子还跟自己亲近一点,等他们大了点之后想听到这样的话实在太难了。

一句"我爱你"看似简单但却不简单,它像是打开了孩子和家长之间的心结,明明彼此爱着却从不言说。父母需要孩子向他们表达爱,而孩子同样也需要那一声"宝贝,爸爸妈妈爱你"啊!

浩子在学校爬梯子滑了下来。他的妈妈赶到学校的时候,看到浩子满脸是血的样子,眼泪都已经在眼眶中了,却对着浩子劈头盖脸一顿臭骂:"好好玩儿你不会?""爬什么梯子啊,你摔成这样子!""你这样子谁有时间照顾你?""你怎么那么不省心呢?"……一句句话让坐在地上的浩子像一个没人爱的孩子。可她怎么又会做到真的不管呢?每天上班之前,她都会把炖好的汤送到医院,每天下班的第一件事就是到医院看望孩子。孩子想吃什么,想看什么书,想玩什么玩具,她都会送到医院。但看着孩子在医院一躺就是半个月,她嘴巴上还是停不下来:"你看看你自己造的什么孽?""你这学习一落就是半个月。""整天躺在床上动都不动一下。"……

既然担心孩子的伤势,担心孩子的学习,浩子妈为什么不能选择一个正面的方式直接表达出来呢？"你看看你满脸是血，妈妈好心疼。""学习落下去了，后面补上来会比较辛苦，妈妈担心你后面的学习跟不上。"明明对孩子都是爱，却在用"刀子嘴"的形式，可孩子未必能明白这样的"豆腐心"，他只会把这些"忠言"当成逆耳的话。

孩子年龄小的时候，他的思维简单，他看到的就是眼前所看到的东西，而不会去思考这样的语言和行为背后的深层次含义，更难以体会"大爱无言"的境界，所以直接的方式往往比间接的更有效果。

对于那些实在不善于通过语言表达爱的家长，有些爱也可以借助行动"说"出来，比如给孩子一个拥抱。家庭治疗师弗吉尼亚·萨提亚用"我们一天需要4个拥抱让关系不死，8个拥抱以维持关系，12个拥抱让关系成长"来表达在亲子关系中拥抱的重要性。比如睡觉之前摸摸孩子的头或给孩子盖一盖被子，这样的小动作会让孩子感受到父母给的温暖；比如陪孩子玩一些他喜欢的游戏，在游戏中让孩子体会到被陪伴的感觉。

每个父母对爱的表达方式都不一样，每个孩子对爱的接受方式也不一样，但无一例外的是，爱需要被看见，需要被感受到才会有效果。如果爱需要猜测，这份爱的重量就减轻了。爱孩子就勇敢地表达出来吧！

第一部分　有效沟通

吼叫是不理智的方法

在家庭教育中，有些家长似乎走进了一个误区，他们认为只要能让孩子服从自己，那就证明自己是能管住孩子的，而有的家长则是没有管教的耐心而想快速解决问题，于是，这些家长选择最快捷的吼叫方式来解决问题，以威严命令孩子停止他的"无理"行为。

孩子还在哭闹的成长阶段，家长便以"不许哭""再哭就把你丢出去"等言语"威胁"孩子；在训练孩子吃饭的阶段，就习惯于用"吃不吃，不吃就倒掉""再不吃就要动手了"的语言。而到了上学阶段，最常用的语言就是"你怎么那么蠢，这么简单的题都不会""我怎么生了你这么个孩子"来表达自己的不满……在这样的言语下，孩子可能表现为顺从或沉默，乖乖地停止哭泣、乖乖地吃饭、乖乖地写作业，但其实他只是迫于家长的威严而把情绪埋在了自己的心里。长期这样，那些性格内向的孩子就会变得更胆小，甚至是自卑。

等孩子再大一点的时候，你依然采用这种责骂和呵斥的方式。那些胆子大点的孩子，他们已经对这些言语形成了免疫力，或者说是习惯了你这样的说话方式，那些责骂对他们而言就是"耳旁风"，而一旦他们的逆反心理形成了，他们就会以回吼的形式来反抗，有些甚至做出离家出走等赌气行为。那些胆小的孩子就习惯了在威严之下做"顺民"。

　　班级里有一个非常爱打架的男孩，如果一周不惹出点事情就觉得这一周白来学校了。有一次，老师终于忍无可忍把家长请到了学校。结果家长一进办公室，冲着孩子就是一耳光："你是不是打架了，是不是又打架了，让你不要惹事情，你非不听！你要再敢打架，回家我打死你！"老师完全被这个场景震惊到了，本来是请家长来解决问题的，结果还要花时间来安慰这个孩子。后来孩子向老师哭诉，从小到大，只要他犯了错，爸爸不是骂就是打，根本不听他的解释，他已经被打习惯了。

　　一方面同情这个小男孩，一方面也找到了这个小男孩爱打架的原因。模仿是小孩的天性，父母长期以什么样的方式对待自己的孩子，孩子就会以这样的方式体现在他人身上。在这种环境下长大的孩子，他的心里长期被压抑，也会找到一种方式来释放委屈和愤怒。

　　无论在什么情况下，用吼叫的方式来教育孩子终究是治标不治本的。

　　有些家长也意识到吼叫孩子不是好的方式，但有时候工作的压力及生活中的事情堆在一起的时候，他们实在没有耐心来处理孩子的事情，那家长便要学会慢慢修炼自己的性格和控制情绪的能力，比如在爆发之前给自己"等一等"的心理暗示或者到窗口透透气，如果忍住了没有把气撒在孩子身上，之后给自己适当的奖励。最重要的是家长要有这样的意识，他们的愤怒情绪最容易传递到孩子身上，不要让孩子成为自己情绪的牺牲品。

如果有时实在控制不住向孩子发了脾气，那家长需要放下自己的身段来安抚受了委屈的孩子并告诉孩子以后会尽量控制自己的情绪，这样孩子才会有意识：即使是成人也不能随意用吼叫的方式对待他人，成人没有控制自己的情绪也需要负责任，这也是吼叫之后的一种补救。

《论语》有言，"其身正，不令而行；其身不正，虽令不从"，如果在孩子成长的过程中，家长给予孩子的是正面的形象和影响，营造的是和谐友爱的环境，其实不需要以吼叫的方式孩子也能处理好自己的问题。

再者，家长也应更新自己的观念。不是只有吼叫这种方式能制服孩子，柔声的教育也有它的力量。"随风潜入夜，润物细无声"，轻声和孩子表达自己的诉求，对孩子心灵的影响才是长期的。

沟通避免情绪化

有一次我们一堆人聚在一起谈论起对孩子的教育。大家都在说小均在男同学里是很自律的，平常男生打游戏的时候，他从来都不会去碰。于是，我们中的个别家长就向小均请教他们家是怎么教育他的，让他对游戏有免疫力。小均向我们谈到了他小时候的一段记忆。

小的时候，小均用自己积攒了很久的零花钱买了一个渴望已久的游戏机。那天，表哥来他们家，他就邀请表哥一起玩，两人玩得太上瘾，表哥想着就干脆在这儿住一晚。后来，表哥的爸爸找到家里来，见到两个玩得正起劲的孩子，直接就把游戏机扯着摔在了地上，并当着小均的面一起呵斥："好的不学，你学这些东西。"表哥一下就哭了出来，小均的爸妈见状立马安抚表哥，拿各种东西哄表哥，并向表哥的爸爸保证以后不会再拉着他家的孩子一起玩游戏。站在一旁的小均手足无措，他不敢哭，也不敢捡起地上的游戏机。后来，小均被自己的爸妈罚了一个晚上，这个游戏机被扔到了垃圾桶，他们家从此以后再也没买过游戏机。

的确，这样的方式让孩子杜绝了父母所希望的那个坏习惯，但是小均在回忆的时候说，他永远都记得姑父对他说的那一句"好的不学，你学这些东西"，从此以后他和表哥都不怎么在一起玩，因为他始终觉得自己会带坏表哥，而且也会连累自己受到惩罚。他也不会轻易去尝试那些在大人眼里不许去做的事情，他害怕自己的父母也认为他是一个会带坏别人家孩子的人，他就这样长成了一个大家眼里的"乖孩子"。可是，自此以后，他也失去了那些敢冒险、敢尝试的孩子所拥有的乐趣。

小均不是因为玩游戏的危害而做出的改变，而是屈服在姑父、爸妈的情绪中，这几位家长都是在单方面宣泄个人情绪，并非在和孩子沟通。

第一部分　有效沟通

大人一时的情绪失控影响的是孩子的一生，有时这种影响是无形的，遗憾的是家长往往还没有意识到。在生活中，孩子做出让家长恼火的事是常有的，家长往往在知道错误的那一瞬间被情绪冲昏了头脑，而无法让自己冷静下来和孩子沟通，结果以一种情绪化的简单粗暴的方式解决问题。表面上看问题是解决了，却在孩子的心中深深地扎上了刺。

在处理孩子的问题上，家长需要学会的一项原则就是先处理自己的情绪，再来处理孩子的问题。当你以情绪化的语言和孩子交流的时候，孩子在你的语言中感受到的只有你对他无休止的指责，而听不见你需要他明白的道理。为了逃避这种指责，孩子会在表面上先顺从于你来结束这场对话，实际上他内心依然保留着自己的想法，这样的沟通便是无效的；而另一种情况就是他害怕家长的情绪，从此对某样东西形成恐惧心理。

处理完自己的情绪之后，和孩子的交流中家长应学会尊重。家长应有一个意识，孩子只是犯错了，并不是十恶不赦。如果你沟通的目的是需要孩子按你的意愿做某件事，那更不应用强迫的语气。如果孩子能从你的语气中听出你对他的信任，他就会相信自己能做到某件事而有做的动力。

情绪化的沟通只是家长情绪的一种宣泄，理性的沟通往往会冷静下来描述事件的过程，然后表达自己对这件事情的想法，之后提出自己希望孩子做些什么并征求孩子的意见，最后和孩子一起跟踪这件事情的后续行动。

其实，家长如果能对孩子的行为多一些理解，试着去追溯他行为背后的原因，就能避免产生很多的不良情绪。良好的亲子关系往往就是在这样的理性中建立的。

拒绝报喜不报忧

成年人在外的时候，常常会隐藏自己真实的情绪，只愿意把好的事情和父母分享，而把坏的事情独自承受，这样"报喜不报忧"一方面是避免父母担心，另一方面也体现了自己的担当。作为孩子，他出于自身的原因也会有这样处理问题和表达情绪的方式。

小林妈妈在整理孩子书包的时候，发现了一张70多分的语文考卷。"考得这么差，居然还敢把试卷藏起来"，这是一般家长瞬间被点燃火气的想法，按照一般的处理方式，怕是火冒三丈之后抓着孩子好好收拾一顿。

但小林妈妈了解自己的孩子，平常一般有考试，小林回来都会和她讲，这次却私自把试卷藏起来，她想听听孩子怎么说。

她把书包放在书桌上，把试卷放在了书包旁。第二天早上，小林果然拿着试卷来找正在做早饭的她。她让孩子在饭桌边等一等，然后告诉孩子，他们可以用吃早饭的时间把这件事情处理好，以后就不再提这件事了。

面对妈妈这样冷静而柔和的态度，小林一五一十地进行了

第一部分 有效沟通

坦白。原来每次考好的时候,妈妈都特别高兴,并打电话给外地的爸爸,他很喜欢看一家人高高兴兴的样子。这次没考好,妈妈一定也会跟爸爸说,那爸妈都会很失望,家里的气氛也会变得很不好。

藏起成绩不好的试卷应是孩子常做的事情,小林的报喜不报忧是不想辜负家长的期待,他难以承受让父母失望的压力,这是一部分孩子这样做的原因;而还有些孩子是害怕拿着试卷回家被爸妈惩罚,他们选择能隐瞒多久就瞒多久,瞒过去了自然是好的,瞒不过去也就是一顿惩罚。

不管出于什么原因,孩子报喜不报忧究竟是不是好事呢?

首先能肯定的是,孩子已经学会在父母面前隐藏自己的真实情绪和想法,这样的情绪会蔓延,最先是考试这样的事情,而后延伸到迟到、被同学欺负、打架等其他的事情,只要家长没察觉,他就能自己扛起来。

从父母的角度,孩子报喜不报忧就会让他们对孩子的负面情况无法掌握,而不能对这些情绪及时疏导和改变。那些没有及时疏通和释放的情绪就会累积起来,一件、两件、三件……无数件小事最终会使孩子承受不住。

若想让孩子报喜也报忧,家长应给予让孩子完全信任他的空间。要让孩子明白父母是他永远的倾听者,无论是好事和坏事,家长都愿意在他身上花时间;即使他犯了错误,只要他愿意面对,父母也愿意和他一起承担;在父母的眼中,他永远都是他们挚爱的孩子，不会因为他表现不佳而减少对他的爱。只有让孩子充分感觉到这个家是他的港湾，只有让孩子相信他能在父母面前表现最真实的自己，孩子才愿意把心交给父母，亲子之间才会有顺畅的沟通。

如果父母以"你能不能少给我惹点事""我真的很忙，没时间管你""早就跟你说了""好好想想自己哪里错了"这样的方式面对向你主动承认错误和倾诉苦恼的孩子，那当孩子有心事或陷入困境的时候，他的这扇心门就向家长关闭了，进而选择默默承受。

孩子一味地报喜并不意味着他的真实状态就是如此乐观，家长应给孩子多一些关注，为他取得的成绩而高兴，也要坦然接受他的错误或失败或是困境，向孩子敞开怀抱！

站在孩子角度想问题

小时候，我们学过一篇课文叫《画杨桃》。某次在学校的美术课上，老师将两个杨桃放在讲台上，让同学们画下来。当小作者把杨桃画好交给老师的时候，全班哄堂大笑，因为他画的杨桃是一个五角星，和其他同学的都不一样。面对同学们的笑声，老师让他们一个一个坐在小作者的座位上重新观察杨桃，结果这些同学得出的答案都是桌上的杨桃是五角星。原来角度不同，看到的也会不一样。在这堂课上，小作者记住了一个让自己受益终身的道理：看的角度不同，得出的结论也不一样。当一个人做出不同结论的时候，不要急着发笑，而要看看他是从什么角度出发的。

这个启示对我们教育孩子是何其有效呢！在一个家庭中，家长和孩子始终难以达成一致，家长怪孩子不懂事，孩子怪家长不理解。到底是谁的错呢？其实谁都有谁的道理，只是因为家长和孩子无论从外形还是内在都是站在不同的角度，那他们看到和理解的东西怎么会一样呢？

比如同坐在一辆车上，家长在不停地对孩子说："你看看远处的风景多漂亮啊！"可是在孩子坐的视角根本就看不到远处。

当家长带着孩子走在拥挤的街上，家长看到的是各种风格的店铺，可孩子的身高让他看到的只是来来往往的大人。孩子吵着要回去，大人嫌孩子吵闹。如果家长试着蹲下来，他就能明白孩子的苦恼；如果家长把孩子抱起来，孩子也就能看到大人逛出的那些乐趣。

家长和孩子之间要达成理解，他们就需要学会站在彼此的立场。但由于孩子的换位思考能力比较弱，家长就应主动站在孩子的角度多思考。

家长站在孩子的角度，他们就能理解孩子为什么总喜欢在床上蹦来蹦去，因为孩子把它当成了蹦蹦床；他们就能理解孩子们怎么老在墙上画来画去，因为那是孩子的画板；就能理解孩子喜欢读图文结合的书而不是纯文字，因为图片给他的感受更直观……如果理解了孩子行为背后的原因，家长就不会以"不准这样"来扼杀孩子的乐趣了,而是找到他内心的真正需求,明确他这种行为的真正动机,从而有方向地引导。

这时候,家长如果没有责怪孩子,而是和孩子沟通他的需求,孩子便会发现家长对自己的了解,从而对家长产生信赖。站在孩子的角度想问题,其实就是家长读懂孩子的一种方式,也是家长和孩子消除隔膜的方式。

琳琳放学写完作业之后,主动请求多写一张试卷。妈妈一听立刻停下了手中的事情,认真地表扬了琳琳。可当琳琳写完之后,妈妈便开始对试卷挑起错来,一会儿是这里的书写应怎么写更美观,一会儿是那里的方法用得不够简便,刚开始琳琳还认真听着,当听到妈妈说把圈出来的书写不认真的地方再写一遍的时候,琳琳就生气地把试卷丢在了一边。琳琳妈却不依不饶,非得抓住琳琳养成好的书写习惯。琳琳也耍起了脾气,表示以后再不多写作业了,写了还不满意,原本双方都开心的事变成了不欢而散。

怎么看待琳琳丢试卷和耍脾气的行为呢?是琳琳没有好的书写习惯,还是她喜欢耍性子?或者琳琳妈对孩子的要求不对,不应指出孩子的不当之处?琳琳从学校回来完成作业之余主动增加学习任务,这是值得肯定的事情,琳琳妈应试着放松一定的要求,先肯定孩子的行为。从她们各自的角度来看,两者都没有错,错的是她们都只站在了自己的角度。如果家长试着理解一下孩子的情绪,就会让孩子先放松一下,找到合适时机再纠正。

如果想拥有和谐的亲子关系,家长就不要以自己的标准和视角来要求孩子，这样只会和孩子心理的距离越来越远。

试着放低姿态，试着换位思考，家长会发现一个新的世界。

承认孩子的不成熟

孩子们读五年级的时候，我曾给他们布置过一道作业题，要他们写写自己的愿望。有孩子写将来要考上大学实现自己的梦想；有孩子写要带爸爸妈妈去环游世界；还有孩子写成为一名科学家发明自己的作品。其中有一个孩子写着"我想长出一对天使的翅膀，给贫困地区的孩子送去书籍，给环卫工人遮阳，给盲人指引方向……"读完之后，我被这个孩子那颗天使的心灵打动了，立即拍照和他的妈妈分享。然而孩子妈妈的反应有点出乎我的意料：天哪，我家孩子写的吗？五年级了怎么还这么幼稚？

这种幼稚怎么了？难道非要成为功成名就的人才是有出息，才是有志向的孩子？当其他孩子都有一副成年人的面孔和一颗成年人的心灵之后，我反而觉得这样的想法才是最珍贵的。作为家长，应该守护住这份善良和纯真啊！我仿佛看到了这个孩子回家之后被妈妈指责一番，然后教育他要像其他孩子一样为自己的将来考虑。于是，这个孩子在妈妈的"远见"之下，重新树立了一个从社会的角度看起来"光鲜亮丽"的理想。

这对孩子而言才是真正的可悲！他本有着孩子应有的想法，

却被催着成熟，提早成为一个社会人。事实上，孩子越来越早熟已经是一种社会现象。多少父母为了让自己的孩子出类拔萃，不惜在他们童年时代就给他们一些超越年龄的任务，然后在舞台、在其他的场合体现着自己的孩子懂得多少知识、多么会表达。孩子越来越不像孩子，不滚泥巴，不捉迷藏，不讲幼稚的语言，就连做事的派头也是大人的样子。看着孩子一副成功人士的模样，父母感到无比骄傲，认为自己把孩子培养成才了。其实这些行为满足的不过是父母自己的虚荣心，而不是成就孩子的人生。

在这样的竞争之下，人人都比着让孩子早日成才，孩子越比越成熟。那些写着愿望是成为天使来帮助其他的人孩子反而成了幼稚可笑的那一类，因为他的语言实在不符合这个社会对孩子成熟度的要求。可善良、天真、爱玩，这些本就是孩子的本性，暴露天性并不可怕，可怕的是扼杀天性，可怕的是孩子都成为标准化的样子。

如果你的孩子还有着一份幼稚，就让他在孩子的年龄做个孩子吧。做幼稚的游戏，玩幼稚的玩具，在这些童年的乐趣中放飞自己的想象，不限制他的思维，他会给你其他孩子给不了的惊喜；让他自由地说幼稚的话语，这些童真的语言如果被记录下来比那些成熟的语言更能触动人的内心；做善良的事，在这些事里边让孩子感受一下这个世界的温度。

"天上的彩虹是我放飞的棒棒糖。""池塘里的波纹是孩子淘气的作品。""太阳是妈妈的怀抱。"……这样的语言不是很让人惊喜吗？

让你的孩子在不成熟的年龄做着不成熟的事，你会发现他的童年会有着更丰富的体验，拥有有些人一辈子都不曾尝试过的快乐。

林海音在回忆童年的作品《城南旧事》里写道："妈妈说这是将来的事，怎么这么快就到眼前了？"人一旦成熟了之后就找不到不成熟阶段的那种乐趣，但随着年龄和环境的变化，成熟总是会来的，就让他在不成熟里快乐一段时间。如果孩子的人生中没有不成熟的记忆，他的心中会有一种缺憾。承认你的孩子不成熟，不要在这个快速的时代和社会中丢掉了孩子的自然属性，还他一个纯真的童年！

不把孩子放在比较里

"父母之爱子，则为之计深远"，多数家长为了孩子的未来可谓是殚精竭虑。爱原本是世间最美的事，遗憾的是，这样的爱往往没有结出甘甜的果实。因为为了孩子不输在起跑线，为了孩子有一个远大的前程，家长都不自觉地想把自己的孩子培养成"完美小孩"。

于是就有了各种比较：张三家的某某那么小就会背几百首诗了，你看看你除了认识几个字还会什么；李四家的某某钢琴弹得都能上台比赛了，你连个台面都上不了；王五家的某某周末都在上培训班，你不报班怎么赶得上他啊……多数孩子的成长过程中少不了有一个"别人家"的孩子。

于是就有了各种要求：德智体美劳都要拔尖，做事不能犯错，在他人面前定要出众……

曾在小学语文课本里读过一篇《表哥驾到》的文章，大意讲述了表哥到"我"家做客，孝顺、整洁、聪明，会弹钢琴，参加过模型小组，打电脑快，写作文得过奖……表哥在妈妈的眼中是一个世间少有的人。在妈妈的眼里，"我"在表哥面前一文不值，而"我"只觉得自己矮了一截。原本以为这样完美的表哥不会有烦恼，定是人见人夸的。没想到，在我俩独处的时间里，"我"发现表哥也有矮一截的时候——在姨妈的眼中，"我"灵活，诚实，孝顺，做的模型漂亮，弹跳力好，远胜于表哥。

明明两个都是优秀的孩子，结果两人都没了信心，因为家长看到的永远是别人家孩子的优点和自家孩子的缺点。有老师曾在学完这篇文章之后，问道："你们的生活中有一个这样'别人家'的孩子吗？你们喜欢这样的比较吗？"结果多数孩子都有这样的遭遇。有些孩子甚至表示过年的时候都不愿意和爸妈一起走亲戚，因为无论到谁家，自己都是被比较的对象，除了低头和点头，也无可奈何了；有些孩子直言到亲戚家走一趟，课外班和新的要求就在等着自己。可惜家长完全听不到孩子的心声。

谁是完美的，世间怎有完美，何苦折磨了自己，又丢掉了孩子的快乐呢？

拿破仑·希尔是美国成功的教育学家，他曾经说过："每个孩子都有许多优点，而父母恰恰相反，他们总是盯着孩子的缺点，认为管好孩子的缺点，才能让孩子更好地成长。其实，这样做就像蹩脚的工匠，是不可能造出完美瓷器的。"这与他自己的成长经历也有关。

在希尔很小的时候，他就被大伙认定是一个坏孩子。但凡家里有不好的事情发生，诸如母牛走丢了，树被砍掉了，家具坏了……希尔都难逃其责，他成了一个名副其实的"背锅王"。时间久了，希尔对这些指责已经无所谓了，反而有些破罐子破摔——你们既然认为坏事都是我做的，那我就做个坏孩子吧！直到有一天他的父亲再婚，继母的出现改变了他的命运。打一开始，希尔就不想理会这个继母，要将坏进行到底。所以，当这个陌生的女人出现在他的面前时，希尔表现出的是一副不可一世的姿态，甚至他的父亲都直言——这是全家最坏的孩子。出乎所有人的意料，继母并没有排斥希尔的恶意，以一个母亲的柔情坚定地告诉所有的人："最坏的孩子？一点也不，他是全家最聪明的孩子。"

就是这样一个相信点亮了希尔内心角落里的黑暗，他仿佛在黑暗中找到了一束光。他人看到的是希尔的调皮和所谓的坏，可是继母找到了他本性中最闪光的东西并在众人面前点亮，那这一束光便会慢慢地照亮黑暗的领域。

自此以后，希尔在继母的引导下慢慢地找到了自己的定位和价值所在，一步步走向了成功。成功之后的希尔并非是一个完美的人，有些缺点依然在他身上，可是这并不能掩盖住他的成功。

培养一个孩子并非是让他成为一个圣人，而是将潜藏在他身体里的能量一步步地释放，最终成为他自己。若是一味地将目光锁定在那些缺点上，那优点就像是藏在乌云之后的太阳，终难以照耀在大地上。

所谓望子成龙或望女成凤，并不是成就完人。

每个来到这世间的孩子都有他独特的地方：有的孩子天生就记忆力好，有的孩子运动细胞发达，有的则有音乐天赋，而有些技能不突出却有难得的品质……你很难将所有的优势都归结到一个人身上，而一个孩子也不会毫无优点。父母之爱子就应善于发现孩子身上的优点并给予肯定和赏识，让他在自信中成长，而不是强迫他拥有他人身上的优点。

当你将孩子身上的优点放大的时候，这些优点就会越发闪光。可知孩童时期的某一次表扬，很可能就会改变一个人的成长轨迹。这些成长起来的优点是你的孩子一生引以为傲的底气。有了底气，就有了向上的力量。

并非是你的孩子不优秀，而在于你有没有采用合理的方法。在现实的生活状态下，更不要拿学习成绩这唯一的尺子去衡量孩子。学习能力不强的孩子你可以肯定他的生活能力；生活能力不强的孩子你可以欣赏他的兴趣爱好；即使没有兴趣爱好也能找到他品性中的美好……若是让孩子看不到自己的价值和未来的希望,那他也便只会破罐子破摔。

百合清纯,玫瑰艳丽,梅花高洁……百花尚各有特点,别再随口而出"别人家"的孩子,别人家的孩子终究是别人家的。放大自家孩子的优点并合理地引导,然后静待花开,定能清香满园!

原则五
培养沟通的默契性

多让孩子了解自己

曾经有一位家长给我留言,说她的孩子看到班上某某同学买了一辆平衡车,自己也想买一辆,家长觉得家庭条件不太好,能够支撑孩子在城里读书已经不容易,哪还有多余的钱给孩子买这些无关紧要的东西,就果断地拒绝了孩子。结果孩子赌气不吃饭,在家长责骂了几句之后,孩子居然顶嘴说:"为什么我的同学想买什么就能买什么,想干什么就干什么,而我却不能。我同学用的手机都是苹果的,而我呢,用的是你们用剩的;同学还能经常去逛街买衣服、去看电影,我就只能逛公园。你们到底爱不爱我呀!"

这个妈妈被气得心里绞痛。他们一家从农村到城市来为的是给孩子提供好的读书条件。平日里就靠经营一家普通的小面馆来维持家庭的收入,这个收入很不稳定。在学习上,孩子只要有什么要求,家长一定会满足。家里的课外书已经成堆了,点读机、电脑等辅助工具都配置齐全。家长觉得已经这么替孩子着想了，孩子怎么这么不知足呢？孩子妈希望我能给孩子做做思想工作，说服孩子不要把心思放在这些事情上。

全心全意为孩子操劳，换来的却是孩子"爱不爱我"的反问。为什么家长如此爱孩子，孩子全然没有感觉到呢？因为你的孩子不懂你，更不懂你爱他的方式，他习惯了你的万能，他把这些爱当作了理所当然。

父母要让孩子明白自己的不易。天下的父母总是想把这世间一切最好的东西都给孩子，怕他受丁点儿的委屈，所以让孩子养成了从小到大舒服地得到的习惯。孩子从来没有体会过艰辛的滋味，更不明白父母为自己创造这一切条件的不易，又怎会理解他们呢？只有让他亲眼看到父母的辛苦、所承受的压力、受过的委屈，他才会清楚自己的富足从何而来。

有一个小男孩的爸爸靠运煤来维持一家的生计。这个小男孩看着同学有什么东西，就总是向家里开口。他的爸爸花不起这些钱，但也拒绝不了孩子的要求，于是就跟自己的孩子约定，让孩子跟着他干一天活儿，孩子劳动所获得的钱都归他自己。孩子一听钱都归自己就乐开了花，想也没想便答应了。第二天，孩子如约和爸爸去运煤。孩子累到脸上沾满了煤，累到腰酸背痛才把15块钱赚到手，那时候的他才体会到爸爸是怎样一趟一趟弯着腰把给他买那些零食、玩具、学习用品等的费用挣到手里的。自此之后，只要他想乱花钱的时候就能想到爸爸在太阳底下搬煤的样子，也就打消了这个念头。

如果孩子们能看到父母已经把能力范围之内最好的给了自己，了解到父母的能力所在，就会理解父母的拒绝。

父母要给孩子爱自己的机会。父母为了树立在孩子面前的威严，让孩子有崇拜感，常常展现出无所不能的形象。"我的爸爸是超人""我的妈妈是超人"，孩子的这种崇拜的确让做父母的自豪，但也失去了一些让孩子学会爱他们的机会。生病的时候不要强撑，和孩子"撒撒娇"，告诉孩子你需要他的照顾；工作中受了委屈，向孩子倾诉，告诉孩子你需要他的安慰；取得了某项成绩和孩子一起分享，告诉孩子你需要他的表扬……父母在孩子面前偶尔地"示弱"，让孩子明白父母不是万能的，他们有自己的喜怒哀乐，也需要孩子的关心。

父母和孩子之间的爱不是一方对另一方无休止的付出，而是双向的，不要你单方面走进孩子的世界，也要让孩子读懂你的世界。

抛开说教，以身作则

在家庭教育中，"说教"这种方式应该是常用系列。父母最喜欢说教，他们认为孩子只要明白了道理就知道怎么做，而父母只要教了孩子就会懂道理，何况说教是能随时随地进行又不费力的事。但如果在孩子们中间做一个调查，他们最不喜欢的父母的教育方式中，"说教"一定排在最前面。

"要你好好读书，以后才能考上好大学。""我都是为你着想，你只有养成了这些好习惯，你才会一生受用。""你要是不会控制自己的情绪，出了这家谁能包容你？"……

借用孩子的口吻来表达就是，说教最没意思的。

"最没意思"从儿童心理学的角度来说其实非常好理解。教育心理学专家皮亚杰经过长期研究得出了孩子认知发展的四个阶段，即从感知运动阶段、前运算阶段到具体运算阶段、形式运算阶段，其中具体运算阶段是指孩子的思维运算必须有具体的事物做支持，到了形式运算阶段孩子才有逻辑推理的能力。"说教"是一种纯语言的、空洞的表达方式，从孩子的视角看没有直观性和形象性，他或是难以理解，或是没在脑海中形成记忆。这也是父母常抱怨"我跟他讲的那些道理过几天就忘了"的原因。

"最没意思"是父母站在了制高点来评判孩子的行为。孩子有他的想法，也有他的对错标准。父母的说教往往是以自己的立场来判断孩子的对错，那父母说的一定是对的吗？再者，谁都不愿被指责，孩子有自己的自尊，说教在一定程度上是对孩子的否定，增加了孩子的逆反心理。

在教育孩子的过程中，最有效直接的方式就是以身作则。

孩子的模仿能力是最强的，受环境的影响极其大。他就如同是一块洁净的丝绸，被放在怎样的染缸就会被染成怎样的颜色。

正面管教孩子
ZHENGMIANGUANJIAOHAIZI

家庭就是孩子成长的染缸，父母就是那一缸颜料。父母爱学习，孩子自然会受家庭环境的影响一同学习；父母关心时政，孩子就会一同关注国家大事；父母爱抱怨，孩子就会是一个容易有怨气的人；父母积极乐观，孩子也会受到感染……父母的一言一行都在孩子的视线中，那是孩子的言行示范。

我曾经走访过很多孩子的家庭，发现那些家里有亲子阅读时间的孩子，阅读能力和写作能力都很强，而那些没有营造家庭阅读氛围的孩子在这方面明显较弱。同样的场景我在高铁上见过：一位父亲坐在靠过道的位置看书，他的孩子就在靠窗的位置看书，父子俩似乎都没有受环境的打扰；而另一边一位妈妈拿着手机在打麻将，她的孩子也拿着手机在玩游戏。如果此时这位妈妈对孩子说："你看看人家小朋友在看书呢！"我猜这个孩子定会回一声："那你怎么没看书呢？他爸爸也在看书啊！"

当你在说教自己的孩子事情没有做到位的时候，你是否也应从自己的身上找原因，你在这方面给他做好榜样了吗？

"你想要孩子成为什么样的人，你首先得是什么样的人"，这是董卿曾经在节目中分享的话。父母的行为给予孩子的影响是直接而深远的，父母说再多的道理也抵不过一次有效的行动。

你想让孩子爱整洁，你就把家里收拾得舒服、干净；你想让孩子尊重他人，你就得成为一个尊重他人的人；你想让孩子爱笑，你就先成为那个对孩子笑的人……

当你抛开说教选择以身作则，你会发现你和孩子变成了更好的自己。

营造民主家庭氛围

中国式家庭的父母常喜欢做的事就是替孩子做主，穿什么样的衣服、去什么样的地方、交什么样的朋友等都要家长点头，家长就是孩子的决策者；还有部分家庭就是给孩子自由，完全由孩子决定自己的生活和学习方式，任其自由成长；另一部分家庭是父母和孩子互相尊重、沟通的相处模式。这几种不同的现象代表着专制型、放任型、民主型等不同的教育方式。

国际上曾对不同家庭教育方式的成才率做过调查，结果显示放任型家庭成才最低，专制型家庭排在第二，而成才率最高的是民主型家庭。

民主型家庭会让孩子从小就有表达和选择的权利，教育出来的孩子既懂得尊重他人，也会以合情合理的方式维护自己的权益。但民主型家庭不是自然形成的，而是家长拥有民主的意识并能在家庭生活中引导。

· 沐沐一家和同学一家出去旅行，沐沐一家提前在网上约了一场演出。第二天，同学也想和沐沐一同看演出。于是同学的家长就提出把家长的票让出来给孩子看，家长自行安排活动。沐沐的爸爸清楚沐沐期待一家人看演出的机会很久了，就没有急着答应对方，而是先询问了沐沐的想法，沐沐有些不情愿，因为这是一家人早就约好的活动。一家人商量之后，决定委婉地拒绝同学家的想法，如果同学愿意，他们可以再约一场演出。

在有些家长看来，和同学一起既让自己的孩子看了演出，也顾及了同学的感受和家长的颜面，这是两全其美的办法。可这样的小事并非这样简单，沐沐一家处理的结果虽然会让同学有些失望，但如果家长碍于情面而忽视沐沐的感受，不仅会让沐沐觉得一家人没有了休闲时光，更会让她觉得自己的想法是可以被忽视的，连选择的权利都被剥夺了。

同一件事情在没有对错价值观的前提下，孩子的感受和对方的情面之间，家长往往会选择后者，但民主型的家庭会以尊重孩子的感受为先。

民主型的家庭除了尊重孩子的感受，给他说"不"的勇气之外，他们还会给孩子表决权和发言权。"孩子还这么小，懂什么""我们决定了告诉他一声就行""这个事情我们替他决定了"，这些表达方式是追求民主型家庭的大忌。孩子确实懂得不多，是因为家长没有给他懂得更多的机会。

家长平常在家商议事情的时候，可以让孩子在一旁听着，以"这个问题你有什么想法？""你和爸爸的意见一致吗？""你能给我提供点帮助吗？"等方式来询问孩子的意见并从中提取值得采纳的部分，这样孩子就会有家庭事务的参与感，会对家里的事情有更多的关注。若是制订家庭的计划，孩子的意见就必须是计划通不通过的因素之一。

有时候家长在谈论历史、书本、社会事物等看似与孩子无关的话题的时候,孩子虽然会听不懂或少有观点,但在这样的氛围中,他会慢慢形成自己的观点,能大胆地学会表达自己的想法和见解。

当然,适当地给孩子一定的支配权和当家的权利也是可行的。在这样的"放权"之下,孩子的决断能力和沟通能力都会提高。

但所谓的民主绝不是放纵,它是有规则意识并建立在彼此尊重、信任的基础之上,是在正确的方向和父母的全局引导之下的。

做一个爱笑的家长

常言道,笑是无声的语言。一个家庭中,如果父母长期处于沮丧或不苟言笑的状态,那他们的孩子也会相对木讷;而一个长期生活在欢声笑语的家庭的孩子,他也是相对积极乐观的。

一个爱笑的家长传递给孩子的能量远远超过了家长的想象。

曾经在杂志上读过一个小故事:有一个英国小男孩面带笑容地站在大街上,他举着的一张手卡上写着:"笑一笑,你将得到1英镑。"路过的人都会被这个小男孩灿烂的笑容吸引,有人在低落的时候看到这个笑容心情也变得明亮起来。当有人打听到了这个小男孩做出这些行为的原因后,没有人不被打动。原来小男孩有一个特别爱笑的妈妈,她那柔和的笑给了很多人温暖,小男孩就是在这样的温暖中成长的。但后来他的妈妈因病去世了,自此之后小男孩就没有看到过这样的笑容了。小男孩很怀念妈妈的笑容，于是在爸爸的鼓励之下到街上收集笑容来纪念妈妈。

对小男孩的妈妈来说，笑就是她的一种生活习惯和个性的体现，但她也许自己都没想过这个笑会给孩子的人生带来这么深的影响。一个爱笑的家长给予孩子的是内心情绪的根基，影响着孩子也成为那样的人。即使父母有一天离开了，这种爱笑的因子也会深植在孩子心中，陪他走人生的路。

日常生活中，当孩子遭受挫折的时候，家长的笑往往是孩子的阳光。

孩子考试考砸了回到家中，家长用笑容告诉他"没关系，我们努力一点，下次可以更好"，孩子会在笑容中消除那些"我是不是很差劲""我是不是比不上别人"的念头，而会获得重新向上的力量；孩子受了委屈回到家，家长用笑容告诉他"没关系，我们都陪在你身边"，孩子会在笑容中感受到自己不是一个人，还有人在他的身后可以成为他的依靠，而会找到爱的存在感。

孩子在做新的尝试即将放弃的时候，家长用笑容告诉他"我们相信你，你一定可以的"，孩子会在笑容中找到自信，在感知到父母的鼓励之后重新拥有勇气渡过眼前的难关。

相反，孩子考砸回来面对的是父母的责骂或阴沉的脸，他就会产生自责或自我否定的心理，甚至对考试产生厌恶的情绪；而受到委屈的时候父母没有及时地给予鼓励，孩子的安全感便会缺失；对某个事情想放弃的时候，父母是以严肃的态度来教育，孩子心底仅有的那点动力也随之消失了。

笑容给予孩子的是快乐的情绪，它能刺激孩子的神经，让他产生兴奋感；消极的情绪会让孩子对眼下的事情失去兴趣。

爱笑的家长在日复一日中传递给孩子快乐的情绪，会渐渐战胜孩子心中那些灰暗的情绪，孩子就会变得越来越乐观，对事情有积极处理的态度，成为一个更阳光的孩子，形成更健康的人格。当生活中出现突如其来的变故，他也能以积极的心态应对，而不会让自己一蹶不振。当然，这些改变不是一时之间能感受到的，因为人的性格形成是一个长久的过程。

如果你不是一个爱笑的人，那就试着为了孩子做一点改变。当你学会对孩子多微笑之后，你会发现很多用说教、指责、动手解决的问题往往就能融化在一个笑容里，最终有一个愉快的结局。

让孩子看到你的耐心

"妈妈，你能不能对我多一点耐心？不要动不动就不耐烦，不是骂我就是拿我和别的孩子比较；你越是骂我，我就越不知道该怎么做；有时候我已经在改了，你还是抓着我的错误不放，你这样让我都没信心了。"

这是一个孩子在家长会上写给妈妈的建议，有这样想法的孩子不在少数，只是他们没有找到能表达出来的机会。

很多孩子从早上起床到晚上睡觉都活在催促声中，"快起床，要迟到了！""快把早餐吃了，等会儿路上会堵车！""快去写作业，一会儿吃晚饭了！""早点睡，明天还要上学呢！"……孩子要是按照这个催促的节奏办了还好，如果没有踩上时间点，家长的"旋风式"催促就来了："让你快点，你没听到啊！""磨磨蹭蹭干吗呢！""作业没写完，看老师怎么收拾你！"……

　　一个孩子在这样的催促声中，怎么还能静下心来做自己的事情。他的注意力都用来应对家长的情绪了，做事的速度自然就慢下来了。孩子的慢是他没有达到我们要求的速度，并不是完全没做，这是由孩子身体各方面的发展影响的。家长如果能给一个等待的时间，就给了孩子自行完成的空间。只有父母的催促慢下来的时候，孩子的节奏才能快起来。有的时候，父母需要站在孩子的角度来看待他的行为。

　　其实谈到"耐心"这个话题，我最先想到的是泰国的一个公益广告《妈妈们最讨厌的事》，如果家长都能静下心来看一看，会有一定的启发。

　　几个家长在孩子放学的时间点到校门口等着接孩子，当第一个孩子跑出来的时候，妈妈满心欢喜地走过去迎接她，当看到孩子满身泥的时候就没了笑容。"你知道妈妈最讨厌你脏脏的，对吗？"孩子也立刻收起了笑；当第二个孩子出来的时候，他笑容满面地朝着妈妈走过来，还没走到妈妈跟前，就听到妈妈大声地喊："你又玩去了吧？"到了第三个孩子出现的时候，妈妈直接嫌弃地甩开了手："你干了什么好事，哎呀，你自己洗干净吧。"第四个孩子出现的时候，妈妈表现出了极度惊讶："你超脏哎！"

　　就在这时候，视频中出现了戏剧性的反转——这几个脏兮兮的孩子都被评为"本日好学生"。当他们走到学校后花园的时候，一个种花的老爷爷拉的满车的花倒在了地上，花盆滚了一地。虽然满地都是泥，但这几个孩子都毫不犹豫地走过去帮老爷爷把花一盆一盆搬上车。妈妈们看到事情的起因之后热泪盈眶，都向自己的孩子道歉。

这样的场景是不是似曾相识，当我们看到孩子一些不恰当的或不符合我们要求的行为时，第一反应就是孩子又做错了什么事，瞬间就失去耐心而对孩子横加指责，从来不会给孩子解释的机会。可有时候事实并非我们看到的那样，有时候犯错也有缘由。如果家长能等一等，试着听一听孩子的解释，会发现有些事情并不是家长的"以为"；即使孩子真犯下了错误，家长等一等也能避免在情绪失控的时候说出伤害孩子自尊的话。

"我愿意等上一辈子的时间，让他从从容容地把这个蝴蝶结扎好……孩子慢慢来，慢慢来。"这是中国台湾作家龙应台对儿子的等待。做父母的都将用一生陪着孩子成长，请给孩子多一点成长时间，让孩子看到你的耐心。

培养家庭文化

家风是中华几千年的传承中一个重要的文化。古有诸葛亮写给 8 岁儿子的家书"夫君子之行，静以修身，俭以养德"；近有曾国藩在《曾国藩诫子书》中的"自修之道，莫难于养心；养心之难,又在慎独"……一代一代的家庭都有自己的家风家训,它们是一个人成长的精神土壤。

到了现代,时代虽然变迁,但文化依然是一脉相承。如果一个家庭没有建立起文化氛围,孩子的成长就会缺失底蕴。他的人生观和价值观就如同浮萍,在环境的影响下随意变化。

不同家庭文化下培养的孩子有不同的人生观、价值观,他们的道德意识、思维方式以及行为规范都有所不同。而家庭文化不是一个人建立起来的,而是家庭成员共同营造的,其中父母是最主要的引导者。

父母的价值观决定了家庭文化的走向。俗话说"龙生龙,凤生凤,老鼠的孩子会打洞",一般而言,父母的格局决定了家庭的未来。父母是重钱过于情的人,家庭的整体氛围就是爱财;父母是爱学习的人,就会营造出学习的氛围;父母是性格稳定和有着长远目光的人,那家庭就是平和而向上的……父母的价值观传递给孩子什么,孩子成长的印迹就是什么。

莉莉的父母都是从农村来的普通打工者,并没有很高的文化素养,但是莉莉却是一个很有底蕴的孩子。在莉莉很小的时候,她的父母就会通过手机或小音箱给她听音乐或听书。后来,他们就让莉莉读诗、背诗,父母也会跟着一起背,并让莉莉把背过的诗教给他们。平常有闲暇的时间,他们就会带着莉莉一同到书店或者商场看书。

虽然父母的文化水平不高,但他们都会试着学习新的技术和手艺,也会跟着莉莉学习新的事物,让自己保持一种学习的状态。

家里的日子虽然不富有，莉莉的父母从没让孩子从他人身上占小便宜，老是告诫莉莉，每个人的钱都是辛苦赚来的，不要随便伸手拿别人的东西。

在父母的影响下，莉莉从来没有因为家庭背景而自卑，内心依然无比幸福。决定家庭文化的不是物质水平的高低，而是父母的"正"，这正是正确的价值观，是正的引导方向。

培养好的家庭文化，关注点和落脚点不仅是孩子，父母相处的模式也是家庭文化的重要因素。家长想营造一个和谐友爱的家庭氛围，让孩子拥有爱的能力，不需要刻意地教孩子怎么爱，因为孩子会从父母的一言一行中耳濡目染。如果父母的关系是和谐的，孩子就会获得安全感，对生活持有一种积极的态度。同样，父母会将幸福的状态传递给孩子，让他也拥有幸福感，从而内心有能量为家人及他人付出。相反，父母的关系不睦，孩子就会在这种关系中患得患失，变得极其敏感，不仅影响了孩子在原生家庭的生活，也会影响日后自己的家庭观念。

家庭文化就是孩子走出来的底气，就是孩子骨子里的气质。一个人是否过得快乐、健康、向上与家庭文化有着密不可分的关系，因此，培养好的家庭文化是在给自己和孩子一个幸福的人生。

原则六
避免高压教育

了解自己的孩子

从孩子出生那一刻起,父母就和孩子朝夕相处。孩子喜欢吃什么、穿什么、做什么、性格怎样,父母都如数家珍。于是,做父母的常有一种自信——我的孩子我最了解。凭着这种自信,父母理所当然地为孩子选择生活、教育培养、规划未来等。当孩子表现出对父母行为的不满时,父母就以"我都是为你好"为万能金句应对孩子的不满。

可是,你们真的了解自己的孩子吗?你们真正给了他想要的吗?或者,你们所做的实现了为孩子好的初衷吗?

暑假的时候,学校组织了夏令营。虽然是到乡下去,但小涛总听人谈起乡下孩子的自由和童趣,他想通过这个活动和同学去乡下体验生活,于是毫不犹豫地报了名。结果,刚开口就被妈妈否定了:"你想去乡下,我们过年的时候回老家就行。你想怎么玩,我们都可以带你玩。趁着暑假时间集中,我们先把培训班里没学完的课程学完,你要是去了夏令营,培训班的进度赶不上,回来就落后你的同学一大截了，到时候辛苦的还是你自己。"

小涛只得怏怏地把名退了，如父母所愿。小涛想体验的不仅是乡村生活，更是那种和同伴在无忧无虑的年龄玩耍的自由和快乐，而小涛的父母显然没有懂得孩子的这种感受。父母常常读到的只是孩子表面的需要，以"孩子都是好玩儿""都是些小孩子的想法"来忽视他内心的感受。

他们认为培训班是为了孩子好，在孩子没有辩解的情形下，他们欣慰地认为孩子接受了他们的安排。家长往往有自信说服孩子，是因为在他们的心底相信"孩子到底还小嘛，哄一哄就好了""他闹一下子，过一会儿就不记得了"。而这是家长常有的一种误解，孩子没有反抗并不代表接受，而是"算了，和你们说了也不懂""和你们说了也无用"的不屑和无奈，因为他已经习惯了家长在自以为是的了解之后的"为你好"。

这样的行为其实已经让父母在孩子的心中慢慢失去了信任感，日积月累之后，孩子就会逐渐在父母面前隐藏自己的真实情绪，父母和孩子之间的隔阂就会越来越深，这也是一部分孩子在父母面前越来越沉默的原因。

父母和孩子之间有良好沟通的前提是父母了解自己的孩子。

了解自己的孩子就要读懂孩子真正的需求。"透过现象看本质"是我们看待问题的常用方法，对孩子的教育也是如此。孩子虽然单纯，但他的敏感和脆弱常常会使他在没有被关注或受到委屈之后把自己封闭起来。家长要善于通过孩子的行为来探求行为背后的真正需求，并主动尊重他的意愿。若是家长所看到的仅是表面，而后以为孩子就是那样的，就是一种需求的隐藏。说到底，你给孩子的究竟是孩子想要的，还是你想给的？

　　了解孩子就是要给孩子有质量的陪伴。"陪伴是最长情的告白"是公认的道理，但有些陪伴是家长威严之下的命令，有些是你学你的我忙我的那种冷漠，这样的告白是没有灵魂的。真正有质量的陪伴是家长能完完全全走进孩子的内心，让孩子切身感受到他有一个温暖的家，他能做真实的自己。

　　了解自己的孩子，让孩子活出他的姿态！

纠正需要时间

　　"立竿见影"的效果是我们都追求的，它省时省力，但这一点在教育孩子上也最不受用。孩子就如同一株植物，他顺应着季节慢慢生长，偶尔会遭遇风雨的打击，但风雨过后又会有新的活力；教育孩子就是要依着时令，循序渐进，有时需要停下来等一等。

　　可快节奏的生活让家长急于催促孩子成长，一边教育孩子和自己比，一边拿其他孩子来数落自家孩子；一边让孩子有美好的童年，一边用密集的训练填满孩子的生活；一边让孩子慢慢来，一边责怪孩子没进步……

　　"我都跟你说了多少遍了，你怎么老是不会！"

　　"我不都已经教你了吗？你怎么还错了！"

　　"你到底什么时候才能把这些坏习惯改了？"

第一部分　有效沟通

......

孩子犯错之后，家长心底的焦虑就被激发了。他们难以接受孩子屡次犯错，并希望孩子能在教育之下快速改变，成为一个各方面都优秀的人。

但孩子的成长从来不是一蹴而就的，他思想和行为的形成需要过程。而在成长的过程中谁都有需要改变的地方，家长要给孩子纠正的时间。

洋洋读三年级的时候，妈妈决定让她打扫自己的卧室。为了让她学会整理，妈妈亲自带着洋洋做了几天之后就让洋洋自己解决。没想到放手的第二天，洋洋就把卧室里的东西混乱地摆放。妈妈边唠叨边帮助她整理，并让洋洋在一旁看着。这次洋洋似乎保持得不错，可过了几天去看，房间又不是之前的样子了。洋洋妈一下就火了，责骂洋洋没有一个女孩子的样子，自己的房间都打扫不来；打扫卫生反复教了几天都学不会，接受能力和动手能力太差等。听到这些指责，洋洋心里很不是滋味，把很多东西都藏了起来，完全没了布置房间的心思，因为东西越少就越容易打扫。

一个好习惯的养成需要 21 天，孩子习惯的改变又怎能几天就有效果呢？如果洋洋妈有足够的耐心，就可以给孩子制订习惯改变的计划，以多少天为周期，每天达到怎样的程度。虽然每天能看到的效果很小，只要孩子一直在进步，效果就会随着坚持的时间而显现出来。如果急于求成，孩子就会在新旧习惯中反反复复，最终不了了之或勉勉强强。

凡事欲速则不达，那些看似省了时间的，其实效果大打折扣，而那些看似花了长时间养成的习惯，受益却是终身的。

在孩子犯错之后，家长常有的反应是劈头盖脸地骂或是立马教育孩子改正，其实孩子在犯错之后的情绪中能接受的道理是有限的，他往往沉浸在自责或害怕惩罚的恐慌中。面对孩子的错误，家长应给彼此冷静的时间，在沟通中解决问题。当孩子意识到自己的错误并决心改正之后，家长要给孩子改正错误的时间，让他有真正改变的空间。但孩子的毅力是有限的，过了一定的时间他就会忘记教训，也容易重犯，家长不能忘记追踪孩子改错的进度并进行及时的肯定以给予孩子坚持的动力。

不要害怕纠正的时间耽误了孩子的成长进度，纠正过程本身就是一种成长。孩子在被纠正的过程中体验着改变，品味着变得越来越好的快乐。

不过度苛求优秀

一鸣是家里唯一的孩子，家里给他取这个名字就是希望他能一鸣惊人。从小到大，家里所有的关注点都在他身上。只要是为了他的前途，家里可以不惜一切成本。钢琴班、英语班、篮球班、奥数班、作文班……一切都选择最好的。一鸣不能行差踏错半步，因为他是全家人的希望。

读小学的时候，一鸣在家里人的要求之下竞聘了班长，除了在学习上要拔得头筹，一言一行都要成为众人的表率，之后他对自我的要求更严格。他几乎把所有的时间都用在了学习和班级事务上。

在家人、老师、同学的眼里,他成了无所不能的人。凡事只要有他出马,定能取得非常令人满意的结果。只要是学校或区里有比赛,一鸣都有这个机会。长期处于这样的状态之下,一鸣已经习惯了把一切做到最好。

那次是区里的朗诵比赛,所有人都等着他拿着一等奖的荣誉在全校宣扬,没人想过他没有这个实力,包括一鸣在内。由于临场发挥不稳,一鸣仅拿到了二等奖,这其实也是一个不错的名次,毕竟有那么多人还没得奖。

回来之后,虽然没有人责怪他什么,可一鸣却像一个犯了大错的孩子,他隐隐有种直觉,他的老师和同学、家长的神情透露着失望。一直以来,他就是他人眼中让人放心的保证,他不允许自己有失败。因为信任这种东西一旦某次被打破了,重新建立起来是很难的事。那一阵,一鸣一直处于内心极度无力的状态——他的优秀被打破了。

这之后,无论怎样的活动,一鸣都不愿意去参加,他害怕有同样的结果,他无法接受那个会失败的自己,他更不想看到自己失落的眼神;他做什么事情也不再有那股子拼劲,因为他找不到继续拼的动力了。

看了一鸣的事例,我们不难发现,过度苛求优秀对孩子而言是一种伤害。这些孩子身上承受了太多的关注,这些关注让他们不敢失败,也不能失败。一旦失败了,他们面临的就是周围人的失望和自我心理落差，这种失望会给孩子自信上彻底的摧毁；有些孩子为了满足周围人的期待，宁愿牺牲自我的需求，成为他人眼中的那个自己；而有些孩子会因为达不到所设立的目标而产出焦虑的心理。

过度苛求优秀，会削弱孩子幸福的能力。家长对于孩子过度苛求优秀的要求会在孩子的思想意识中形成只有成为最优秀的人才是成功者，只有成功者才能被社会认可，才能拥有幸福的观点。人的精力是有限的，为了这所谓的优秀，孩子牺牲掉了自己所热爱的东西和真实的自己，踮起脚尖得到了出类拔萃的结果，却感受不到自足的幸福感。因为，优秀和幸福并不是对等的，一个普通人的幸福并不亚于一个优秀的成功者。

优秀是一种好习惯，但若过度苛求优秀，就违背了孩子的成长规律。成人有时比成才更重要，比起孩子没有幸福感的优秀，我们宁愿他是正常的"笨鸟"。让孩子在一个相对宽松的环境中成长，他才能体现出自我价值。

孩子的独一无二

我喜欢到一个固定的理发店理发，这家的理发师是一个聋哑人。每次他都会花比其他理发店更长的时间来精细护理头发，他不会和你对话，但你能从他的行为中感受到他的真诚。因为这个理发师的手艺和他的真诚，这家店的生意一直很火。理发师有一

第一部分 有效沟通

个漂亮的妻子和一对双胞胎女儿。

有一次，他的妻子和我讲起了理发师的故事。理发师是天生的聋哑人，他的街坊邻居建议把孩子放在村里养大就行。但他的妈妈不愿意放弃，在她的世界里，无论这个孩子健康与否，他都是独一无二的，应该拥有属于他的人生。虽然她没有能力恢复他的身体健康，但能让他的心理更丰富。

妈妈独自带着这个孩子到城里生活，让他接受特殊教育。在这期间，在老师和妈妈的共同关注下，他们发现孩子的专注力特别强，而且擅长做手工。于是，妈妈将他送到了技校学理发。

听觉世界的缺失让理发师的心思特别细腻，在妈妈独立、自强、善良的性格的影响下，他不仅有对技艺的追求，还是一个懂得照顾他人的人。他身边的人都愿意和他相处，他的妻子就是被他的人格魅力吸引的。

如今的理发师也算是有自己的事业，且家庭美满，过着不亚于身体健康的正常人的幸福生活。上天带走他的东西已经完全不是他人生的阻碍。

这个妈妈的智慧令人佩服，但更令人佩服的是她对孩子的爱。在他人看来，她的孩子是残缺的，可对她而言就是独一无二的天使。她愿意用自己一生陪着孩子寻找到他身上的闪光点，让他在自己的世界里发光发亮。

每个孩子降临人间时都是不一样的，有的孩子聪明，有的孩子愚笨，有的孩子好动，有的孩子安静；有的孩子成为众人注目的焦点，有的孩子只是角落里默默无闻的小孩；有的孩子健康，

093

有的孩子发育不全……我们无法决定他出生时的样子，但我们能让他成为这个世界上独一无二的样子。

可有些家长眼中只能看到优秀的孩子闪着的光芒，只能看到成功的未来在向孩子招手，而看不见孩子身上那些与众不同的特点，于是家长都努力地把孩子培养成这个社会需要的人才，最终让所有的孩子成为一类人。

"应当考虑到儿童天性的差异，并且促进其独特的发展，不能也不应使一切人都成为一模一样的人，并教以一模一样的东西。"这是教育家第斯多惠对我们的忠告。不要盲目地追求让孩子成为社会标准意义下的优秀，不要用不同孩子之间的差异性做比较，不要抗拒孩子的某种缺点，只有把握孩子的独一无二才是成就孩子幸福人生的重要因素。

作家张文亮在《牵一只蜗牛去散步》中写道，他带着蜗牛般缓慢的孩子去散步，他原本责备着孩子的缓慢。可走得慢了，他才闻到了平日里被忽略的花香，吹到了温柔的夜风，看到了满天的星斗。他忽然明白了：

咦？我以前怎么没有这般细腻的体会？

我忽然想起来了，莫非我错了？

是上帝叫一只蜗牛牵我去散步。

这世间每一个孩子都是独一无二的天使，他陪着家长寻找着这世间的曼妙风景，家长是否能牵好孩子的手让他成为一道独有的风景呢？

第一部分　有效沟通

学会孩子语言

和不同语言的人交流，我们需要使用不同的语言才能实现对话的顺畅。其实，孩子也有自己的语言。如果家长能学会他的语言，那就能更好地走入他的世界，亲子之间的沟通也会畅通。

学会孩子的语言，首先是能以孩子的视角对话。大人的语言常是枯燥乏味且充满着说教的味道，而孩子的语言是天真、可爱的，所以孩子更容易接受的是趣味性的、通俗易懂的语言。

低年级的小朋友不愿意写作业的时候，家长如果用"再不好好写作业就不许睡觉"的威胁语言，不如选择"你是不是觉得这些作业都像小怪兽啊，那我们就来做奥特曼赶走这些小怪兽"；小孩子爬山累了的时候，家长如果用"再坚持一会儿，到达山顶你就战胜了自己"的励志学语言，不如选择"超人不仅天生就有超能力，他每战胜困难就获得了新的能量。等你到达山顶，你就能拥有像超人一样的力量了"。

家长只有善于将那些复杂化的道理变成孩子生活场景中的人事物，才能获得他的共鸣，效果才会更明显；生涩的语言只会让孩子有距离感。

读懂孩子眼神中透露出来的信息。"眼睛是心灵的窗户"，孩子的眼神更是如此。当他不能用语言表达自己的诉求时，他常透过眼神来传递。比如孩子在开心或想要某种东西的时候，他的瞳孔就会放大，表现出满眼的期待；而当他受到委屈或心情不佳的时候，他的眼神就是灰暗而低落的；而在他生气的时候，眼睛中写满了愤怒；如果是正在思考，他的眼珠就会往上转动；若是对父母的话语表现出不在意，那眼神就会不停地转悠……家长不仅要关注孩子语言的表达，也要看到他目光中的情绪，只有这样，才能更好地理解孩子的心理状态，读懂他的诉求。

读懂孩子行为背后的语言。孩子的行为是他内心想法的折射，父母不能忽视这些行为背后的语言。如果孩子在某个阶段表现出爱打人、和小朋友闹矛盾等行为，可能是在告诉家长他的内心受到了冷落，家长不应急着教训孩子而应在了解孩子真实的想法之后再进行适当的教育；若是孩子出现撒谎的行为，家长就需要反思是否对孩子犯错的惩罚让他形成了戒备心理而选择撒谎来逃避，或是自己的生活中有这样的行为影响到了孩子；孩子另外一种经常有的行为是哭，到了一定年龄的孩子他的哭常是为了引起家长的关注，家长不应直接制止孩子的行为，而应让他表达这个情绪的需求。

无论是怎样形式的语言，家长的关注和分析都是必不可少的，切不可对孩子的语言忽视或敷衍，因为在孩子的世界他对自己的语言是很认真的。家长学会了孩子的语言，也给了孩子更多靠近自己的机会，增进了亲子之间的亲密感和信任感。

当然，不是任何时候都应以孩子的语言对话，家长应用规范性的语言来引导孩子，让其语言和逻辑思维能力得到提升。

第一部分 有效沟通

不强迫原则

陶行知先生在某大学演讲的时候曾有一个经典的现场演示：他走上讲台时并没有急着开始演讲，而是从他的手提箱里抓出了一只大公鸡。一个教育家带着一只鸡来演讲，这简直闻所未闻，没有人猜到他要做什么。过了一会儿，他又从箱子里拿出了一把米撒在讲台上。接下来的一幕让台下的观众都愣住了，陶行知按着大公鸡的头让它啄台上的米，可大公鸡全然不听他的使唤，一个劲儿地挣扎。于是，他索性掰开了大公鸡的嘴，从桌上抓着一把米往公鸡的嘴里塞，公鸡挣扎得更厉害了，米全撒在了桌上。

这下，陶行知顺手放下了这只鸡。出乎意料的是，这只鸡并没有跳下讲台，也没有受到底下人群的惊吓，而是低下头啄起桌上的米来。

鸡在受到强迫的时候都不肯低头，这实在令人深思。陶行知先生这一展示并非是让人看个热闹，而是在用形象的方法说明教育的道理："教育就像喂鸡一样。先生强迫学生去学习，把知识硬灌给他，他是不情愿学的。即使学也是食而不化，过不了多久，他还是会把知识还给先生的。但是如果让他自由地学习，充分发挥他的主观能动性，那效果一定好得多！"虽然把孩子看成是这只鸡是不雅的比喻，但教育中的规律何尝不是这样呢？家庭教育和学校教育都是一样的道理，老师和家长将自己的想法强行实施在孩子身上，只会让孩子反感；而适时地放手却让孩子主动争取到他想要的东西。

生活中存在不少这样强迫的现象：大人的聚会孩子必须一起参加；家长选择的兴趣班孩子必须学习；大人的命令必须服从；学校的活动必须参加；为孩子规划长远的家长已经为孩子设定了人生之路……这些强迫之下，孩子都朝着父母期待的方向走，可内心却滋生着叛逆和怨念。有些孩子在父母长时间的强迫之下变得没有主见、不敢表达自己；有些向往着洒脱生活方式的孩子却在父母的安排下过着循规蹈矩的一生。是幸还是不幸？孩子有自己的世界和想法，为什么非要遵循大人的原则呢？

有些大人在强迫孩子的时候仍认为是理所当然。

随着二胎政策的开放，不少家庭都有了两个孩子。有了二孩之后，二孩妈妈树立了不能忽视大娃情绪的准则，但实际上做到这个却很难。因为是大的，所以理所当然应让着小的，这似乎是最传统的爱幼的观念：二孩和大娃同时看中了一样东西，大娃先让着二孩；大娃的玩具已经玩过了，理应都给二孩玩；大娃和二孩起冲突的时候，大娃应先退让……这是二孩家庭的基本状况，而且是强制性地执行。可大娃是独立的个体，他有表达自己意愿的权利，即使是自家的东西给自家的人，家长也应尊重孩子的想法。

孩子都是有自尊心的，他不是大人的附属品。这些强迫的行为只会让孩子像一个提线木偶完成一项又一项的任务，只有他内心真正接受而愿意去做的事，他才会用自己的智慧和拼搏来争取。

愿我们的家长在孩子的世界里都是通情达理的，愿你的孩子能成为按照自己的意愿生活的幸运的孩子。

第二部分

高效成长

怎样才能让教育更加高效?

怎样让孩子快速成长?

这是教育的起点,也是教育的终点。

第二部分　高效成长

课程一
让孩子爱上学习

陪孩子学习

　　小宇的学习成绩中等，作业的书写质量很差，阅读面较窄。老师对这个情况有些担忧，便向他的家长反映情况，让家长在孩子还小的时候给予一定的陪伴，在指导他的学习中让他养成好习惯。小宇的爸爸表面上应承了老师，私下里却和其他家长讨论，说学习就是孩子自己的事，不应该让家长插手，好和坏都由他自己负责任，以后的人生是他自己选择的。

　　"学习是你自己的事，你自己要上心。"这是孩子耳熟能详的一句话。它自有它的道理所在，家长是不能替孩子学习的，可家长是能帮助孩子学的。

　　孩子会学习的过程就如同小时候学习走路。家长如果一下就放手，容易让孩子摔跟头。他们需要一步一步引导孩子，直至他能独立行走；学习亦是如此，没有合理的引导而任由孩子发挥，那就会在坏习惯中迷路。

给予适度的陪伴。所谓适度，就是既不放养，也不包办。在孩子学习的时候，家长也在一旁做一些与学习有关的事情，给孩子营造良好的学习环境。当孩子学习出现困难的时候，给予他一些必要的帮助，比如方法上的引导，让孩子能在不停止学习的情况下继续自主解决问题；当孩子在学习过程中出现诸如开小差、玩东西、频繁地上厕所、书写马虎等不良的行为时，家长要适当地制止，帮助他养成专注和认真的习惯；而当孩子面对有难度的或时间长的作业时，家长要给孩子做好心理建设，给予他些许鼓励，让其克服畏难情绪。

陪伴过程中的方法尤为重要。网上不少家长吐槽陪孩子写作业就是送命，被气到"吐血"还是轻微的，基本都是处于崩溃状态，但也有些家长轻轻松松就和孩子完成了学习并能腾出时间进行丰富的家庭活动，这其中方法是重要的影响因素。

一是陪伴的过程要陪出孩子的兴趣，比如和同学同一时间开始作业，看看谁完成的速度快、质量高；比如给孩子制定作业完成表现榜，让孩子清晰地看到学习的变化过程；比如将一些能迁移的作业在游戏或者其他活动中完成等；二是陪伴的过程切忌"得寸进尺"，有些家长看孩子的作业量较少就会让孩子在完成作业之后随意增加学习任务，次数多了孩子就会故意拖延完成学习的时间以避免新增任务，时间一久，拖延症就形成了；三是陪伴的过程应有耐心。家长和孩子处于不同的认知水平，有些在成人看来轻松易懂的题在孩子看来却有难度，这时家长不应责怪孩子愚笨而是应从孩子的角度来理解他。家长的焦躁情绪最容易传递给孩子，缺乏耐心的行为最容易让孩子产生厌烦的情绪和不自信的心理状态。

陪伴不仅是时间上的数量，更是时间里的质量。孩子的学习出问题不单是孩子的问题，也是家长教育方式的问题。家长与其把责任推给"学习是他自己的事"，不如共同培养孩子的学习习惯。当孩子在学习上取得成就感的时候，家长也会同样自豪，切莫因一时之懒惰而吞下长期的苦果。

陪伴学习还有另一层好处：家长平日忙于工作，孩子越大越有自己的世界，父母和孩子互相陪伴的时间越来越少。家长何不利用陪伴学习的时间建立好亲子关系，只要家长能多学习一些陪伴孩子学习的方法，能多一些耐心，这样就能实现学习和亲情之间的双赢。

展示知识的重要性

当你喜欢一个人的时候，你会不自觉地关注他并忘我地为他付出。孩子对学习也是这样，学习是一种内在的驱动力，只有一个人真正喜欢它的时候，他才愿意全身心地付出。而在父母压迫之下的学习虽然在短期内有不错的效果，但却不能长久。孩子不爱学习的一个原因是学习对他而言仅是一个概念，不仅让他牺牲了玩耍的时间，还经常挨骂。

让孩子爱上学习，就要让他意识到知识的重要性。

彤彤是一个品学兼优的孩子。对她而言，学习充满了乐趣，常让她觉得自己正在成为一个了不起的人。她能有这样的想法还得从她爸爸说起。

三年级的时候，彤彤的爸爸被老师邀请在家长会上发言。那天彤彤爸在台上全程脱稿分享了一小时，他的发言在家长群里引起了强烈的反响。第二天，老师在班上特别感谢了彤彤爸并把家长们的反馈告诉了孩子们。那一刻，彤彤觉得全世界都在羡慕她有一个好爸爸。回家之后，彤彤和爸爸分享了这个好消息，表示她也想成为一个这么厉害的人。

彤彤爸一听，立马抓住这个教育的好机会，和彤彤分享了自己从小读书的经历——是怎么在艰苦的条件下考上大学，又是如何有一份能让全家都有幸福感的工作。因为有了深厚的知识做底子，他才能在家长会上滔滔不绝，并且有和他人与众不同的观点，这些积累的知识是他人夺不走的财富。

在一旁的妈妈也忙打趣，说她就是看重彤彤爸这一身才学才嫁给他的。

后来，彤彤爸主动请缨给班上的孩子们上了一堂趣味科学课。这一堂课下来，不仅彤彤崇拜自己的爸爸，身边的一些同学也成了彤彤爸的粉丝。

彤彤从爸爸的身上看到了知识是如何让一个人变得厉害，成

第二部分 高效成长

为一个受欢迎的人，她默默下决心也要成为这样的人。这之后，她不仅学习比以前更上心，还在爸妈的指导下积极参加学校活动和社会实践活动，一步一步拓展了自己的展示舞台。在这些活动中，她获得了极大的存在感和价值感，亲身体会到了知识的重要性。当她变得越来越优秀以后，她越发发现世界之大而自身知识是何其不足，需要不停地努力。

和孩子说一百遍知识的重要，不如向其展示一次它的重要性，也不如让他亲自体验一遍它的重要性。当他看到了知识的魅力，也就被吸引进去了。

让孩子明白知识的重要性不单是在书本中，更是在生活里。学语文、数学、科学等这些知识有什么用？当孩子看到有人能出口成章或下笔成文，他自然能明白语文的重要性；当孩子看到用电能孵出鸡和小鸟，他自然会对物理和生物知识感兴趣；当一张牢固的铁门在高温下瞬间熔化，他就会意识到化学的神奇之处……知识要用才不会是课本里的概念，要活了才能让人感受到它给予人类生活带来的方便。

知识不仅是知识，它与孩子的生活、社会的发展、人类的进步息息相关，让孩子在书本学习的过程中积累知识，在生活的舞台中运用知识，让其眼观他人用知识展现的魅力，让其亲身体验知识带来的幸福感，他才能在"知识就是力量"的动力下爱上学知识！

了解学习基本原理

同在一个环境之下学习，但孩子的学习效果有差异，这常让家长苦恼却又不知所措。影响孩子学习的因素概括而言就是智力和非智力因素，其中智力因素包括记忆力、创造力、逻辑思维能力、注意力等，而非智力因素主要是指孩子所处的环境及孩子本身的心理状态。

学习的基本原理无非就是激发孩子的智力因素，把握非智力因素。

智力因素的激发是可训练的。以孩子的记忆力为例，遵循记忆的遗忘曲线帮助孩子反复记忆，在生活中随时引导孩子来记忆细节，如让孩子记住家庭的日常事项和突发事件，由他来提醒家庭成员等，通过一定的方法能逐渐提高孩子的记忆力。再以孩子的逻辑思维能力为例，这个对学习起着关键作用的能力通过游戏的方式是最有趣也最实用的，在生活中家长能随时随地带着孩子练习。智力因素中的多种能力都能以专业的方法加强，家长不可将孩子的学习差都归咎于智力因素，而应积极地帮助孩子提高。

从非智力因素而言，环境是可以创设的。在学校的大环境之下，不同的家庭环境对孩子影响深远。家长要提供给孩子一个适合学习的家庭环境，比如外在环境的布置、学习工具的提供以及家长自身的示范，最重要的是家长对孩子的学习有长远的规划和具体的实施方法。

从心理状态来谈，孩子的学习态度、学习动机都是影响因素，其中在学习上的自控力尤为重要。自控能力强的孩子能把握自己学习的方向，以便自控来影响自己的学习态度，改变学习的状态。这里有个实验依据：

美国的米歇尔教授曾以600名儿童为例进行了一个"棉花糖"的试验。他让研究人员把这些孩子带进一个房间，在这个房间的桌子上放着棉花糖。研究人员告诉这些孩子，桌子上的棉花糖如果现在吃就只能吃一颗，但是等15分钟之后再吃就可以得到另一颗的奖励。他让孩子自己做决定并离开了这个房间。当研究人员离开之后，从一秒、几秒到几分钟、十几分钟的时间里，陆续有人拿起桌上的棉花糖。

等研究人员回来的时候，大约200人没有受他人的影响坚持到了最后。

通过录像可以看到，这些人通过玩椅子、唱歌、和其他人玩游戏的方式来转移自己的注意力，一直控制着自己不去拿糖果。

后来，研究人员对这些孩子进行了几十年的追踪研究，他们发现了一个很有意思的现象：那些在诱惑之下坚持了很长时间的孩子比那些迫不及待拿糖果的孩子不仅在学业上优秀很多，而且有着更自律的人生。

这一发现显示了一个孩子的自控力对自身发展的重要性。如果一个孩子能做到真正的自控,他在学习上的成绩是显而易见的。培养孩子的自控力就可以采用试验中"延时满足"的方法,也可以借助他人的监督和在日常的生活中有目的的考验等方法。

孩子学习的基本原理需要从智力因素和非智力因素两方面同时发展。没有好的环境和心理,只靠智力的激发容易因受外界的诱惑而失去持久力;反过来,如果只靠环境和心理,而忽视智力的因素,孩子的学习会相对吃力。只有将这两者结合,才能达到最好的学习效果。

学习拓展能力

桐桐和欢欢同在一个班级读书,两个孩子都很努力,但是桐桐的成绩总是没欢欢好。桐桐妈妈觉得很纳闷,明明自家孩子非常自觉,难道是智力比不上人家?后来,桐桐妈妈请欢欢来家里做客,才从他们的分享中明白了一二。原来,欢欢在每天写完作业之后,他妈妈都会针对当天学校和家庭作业中欢欢遇到的难点进行反复练习,直到欢欢能举一反三为止。除此之外,他的父母还会陪孩子做一些益智类的游戏。他们从不限制孩子的业余活动,孩子唱歌、画画的兴趣爱好都保留着。

为了让桐桐把时间都花在学习上,家里几乎不让她多做学习以外的事。只要她学习上有需求,家长则有求必应。她的主要任务就写作业、刷题，周末是主科的培训班。家长认为学习是时间的作用，花的时间多，总会有效果。这样下来，桐桐的学习基本能保持上游，但总达不到拔尖，因为她的思维被死记硬背和循环的刷题限制了，陷入了"死读书"的模式。

　　学习态度的好坏在一定程度上影响了一个孩子学习成绩的好坏，但学习能力也是影响成绩的关键因素之一。"死读书"只能"保本"，只有把书"读活"，学习才能游刃有余，而这读"活"的关键在于学习拓展能力。孩子如果有好的学习态度，再有灵活的思维，成绩是很容易提升的。

　　学习拓展能力的培养在于举一反三。读书最需要死记硬背，但最忌讳的也是死记硬背，通过这种方法掌握的是学习的面而不是理。家长要训练孩子由一道题迁移到另一道题的能力，由一个点联想到另一个点的思维。知识不仅要摆在脑子里，还需要被调动起来。平时，家长可以和孩子进行一些迁移和运用的小游戏，比如语文中的诗词学习，《中国诗词大会》中的"飞花令"的形式就是很好的拓展，这样就需要孩子将脑子里的知识用起来。很多家长困惑于孩子明明都已经背了知识点，可一到考试就不会，这就是孩子平日里没有形成"用知识"的习惯，思维自然一下子打不开。

　　学习拓展能力的培养需要生活能力。一个在生活中只会衣来伸手、饭来张口的孩子是很难有拓展能力的。家长如果认为孩子的生活就是学习，其余事情都不愿意让孩子干，那他真的就是"头脑简单，四肢也不发达"了。生活中藏着的学问不比书本中少，而书本中学到的知识终究要用于生活，"学以致用"才是拓展能力提升的重要法宝。让孩子在生活中学会动手，他才能在实践中学会解决问题，再把解决问题的经验用到学习上。一个生活能力很强的孩子，他的思维通常是灵活的，人都透着一股聪明劲儿。

学习拓展能力的培养依赖于艺术细胞。如果不是特长生，考大学基本很少需要音、体、美的"扶助"，所以家长的主要精力都在主要科目上。但其实很多研究表明，音乐和美术的训练能帮助孩子发展智力，激发他的想象力和发散能力，从而提升他的学习能力；而爱运动的孩子在各方面的能力都能得到激发，他的思维保持着一种新鲜的、积极的状态。

孩子学习拓展能力的提升不能紧盯着学习本身，既然是拓展就需要在更多的领域去激发孩子的潜能，提高他的能力。这个社会需要的不是"死"读书，而是"活"读书，是孩子将学习和生活进行的有效结合。

培养孩子学习兴趣

常言道"兴趣是最好的老师"，这话对孩子尤为有效。为了看喜欢的电视剧，孩子可以顶着被父母批评的风险而公然挑战；为了吃喜欢的零食，孩子可以被辣到眼泪直流还直言"真好吃"；

为了和小伙伴出去玩，孩子可以写完作业、上完培训班还赶去赴约……如果孩子在学习上有这个劲头，家长自然是喜不自胜了。

那怎样来提升孩子的学习兴趣呢？

浩子的爸爸是一位中学老师，他的孩子在读中学的时候每次考试都是7A，能做到这样不偏科，需要孩子对学习科目真正感兴趣。某次家长会上，浩子爸分享了他的一些经验。

在孩子刚读书的时候，为了让孩子把拼音学好，他们家各个角落都贴了拼音字母。那段时间，他们家人就是借助拼音字母进行家庭互动，比如角色扮演。妈妈扮演的是字母a，她就会说："我是字母a，我的姐妹b在哪儿啊？"爸爸扮演的是字母u，他就会摆出一个u的造型，然后问："谁能认出我的样子呀？"就在这样的趣味互动中，孩子把拼音学得非常流利，并且毫无压力，轻松地开启了学习的第一课。拼音学习是语文学习的基础，这样的方式不仅让孩子现在记住，也在很长的时间内都不会遗忘。

到了学习英语的时候，这对孩子来说又是一个难关。他们家在每天吃饭的时间，就会通过蓝牙小音箱播放一些英语歌曲。每到英语电影上映的时候，他们一家人就会去看，所以孩子很期待英文电影上映，这样他就可以去电影院了。等孩子的英语有一定的基础了，他们给孩子找了一个讲英语的外国小孩做朋友，这两人主要通过网上交流，偶尔也会见个面。对浩子而言，英语不是一个在课本上需要死记硬背的东西，而是生活中一种娱乐和交流的方式，所以对这个科目的学习，他也没有畏难情绪。

到了学科学的时候，浩子爸最常做的事情就是把他带到大自然中去。父子俩常蹲在地上观察小动物，会经常拍一些不同种类的植物做标本等。在生活中，和科学相关的事情，浩子爸都会给浩子进行现场讲解。那些书本上抽象的概念，都成了眼前活生生的事例，浩子的学习兴趣自然浓了。

平常浩子爸在家换个灯泡、修个东西都会让浩子在一旁帮忙，其实就是让孩子认识到这些事情中都蕴含着书本上的知识。

想让孩子学习成绩好并不是逼着孩子学习，而是激发他内心的兴趣。浩子的成绩一直保持着优势，但他从不觉得学习累，甚至觉得越学越有趣。从浩子爸的分享中，我们可以把激发孩子学习兴趣的原则概括为将学习趣味化、生活化、自然化，而不是机械化、逼迫式、功利化。

家长要对孩子的学习给予及时的关注，以在最恰当的时机进行无声的引导。首先就是要营造一个好学的家庭环境，然后可以依据每个学科的特点制定一些具体的方法，比如设计一些有针对性的小游戏，也可以引导孩子把书本上的知识转化成生活中的场景，或者是为孩子寻找合适的学习小伙伴，还可以带他到大自然中去观察和探索，让孩子既学进来，也要走出去。

让孩子的学习有持续的优势，最根本的是提升孩子的学习兴趣，而这离不开家长点点滴滴的引导。如果家长能让孩子保持对学习的新鲜感并体会到学习的快乐，孩子的兴趣自然就来了。

第二部分 高效成长

让知识活跃起来

英国著名的数学家、哲学家阿尔弗雷德·诺思·怀特黑德曾任教于世界顶尖的剑桥大学和哈佛大学,对现代教育有着深入的研究。他曾依据自身在教育教学中的经验发表过一篇名叫《教育的目标》的文章,这篇文章在教育界引起了强烈的反响。在文中,他提到了一个"惰性知识"的概念。所谓的"惰性知识"就是除了淤塞大脑之外毫无用处的知识,这些知识既不能解决生活中的问题,又不能运用于现实生活,更没有生命力可言。

一个房间如果装了很多东西,它就容易乱;一台电脑如果装了很多程序,它就容易慢;而一个人的脑袋中装了很多的"惰性知识",他就会容易思维混乱,厘不清条理,甚至是认知错乱。

家长首先应有这样一个认识,不要让孩子脑中的知识成为"惰性知识",而应让这些知识活跃起来,让碎片化的知识联结起来构建成一个完整、有序的知识体系,这样才能让系统的知识帮助解决问题并进一步发展成新的知识,促进一个人形成终身学习的能力。

让知识活跃起来首先要培养孩子提问的能力。中国的传统教育和应试教育都是老师教和孩子学,有些知识就是被硬塞进孩子的脑中,实则是无用的或者是仅在应付考试时有用,这样的模式不仅让孩子把知识学死了，而且让孩子形成了被动思维。那要孩子把知识激活，就是变被动接受知识为主动探索知识，这其中重要的方法就是提问。孩子在学校可以向老师主动发问，这需要家长的长期鼓励，但家长一定要做到的是引导孩子提问。比如孩子放学之后，家长可以把常用的提问"你今天在学校都学了些什么呀？"变成"你今天在学校提了什么问题呀？"孩子一旦养成了提问的习惯，他就能不断调用脑中储存的知识。

让知识活跃起来需要打开孩子的眼界。其实自古以来都有一个争论的问题就是培养"通才"还是"专才"，其实所谓的"通"倒不是非让孩子把每个方面都学到精通，而是让孩子对每个知识领域都有所涉猎。语言都是相通的，文史地不分家，数理化是一家，知识和知识之间都是有衔接的。如果孩子偏于一科，他很难将这科的知识发散出去。有了学科之间的常识，能更好地帮助孩子做选择，也能寻找到孩子的兴趣所在。"井底之蛙"是它只看到了自己这一片天空，而不知外面世界之大。如果一个孩子只安于一角的知识，他怎么去见识其他知识的广博呢？

当然，让知识活跃的重要方法还有将知识运用于自己的生活中，"学以致用""活学活用"一直是最行之有效的方法。此外，家长要多让孩子运用已学的知识来表达自己的观点。比如陪孩子看完某次展览，可以让孩子谈谈他对展览的看法；参加完一个活动，可以让孩子谈一谈活动的策划；看完一部电影，家长和孩子能交流电影中的台词、情感等。

第二部分　高效成长

让知识活跃起来是一个人能力的体现，当下是一个知识爆炸的时代，各种知识快速地扑面而来。家长更应该引导孩子学会辨别知识，比如吸收什么样的知识、怎么吸收知识、吸收知识之后怎么运用。不要让孩子做知识的奴隶，而要做知识的主人。

重视孩子的成绩

应试教育把家长带入到了"唯成绩论"的旋涡。家长评判孩子学习好不好或者将来有没有出息就是以成绩作为唯一的标准；亲戚朋友相聚问的也是"你家孩子考多少分""你家孩子成绩怎么样"。孩子每次拿着试卷回家，家长的眼睛永远盯着的都是试卷上的分数。分数高了，家长喜笑颜开，孩子也跟着"享福"；分数低了，孩子挨训是免不了的，各种娱乐活动被学习活动代替。一切向成绩看齐已经成为孩子学习生活的重心。

随着时代的发展，人们生活方式的多样化，家长的思想也逐渐变化。他们感受到了"唯成绩论"对孩子身心的伤害，"素质教育"慢慢成为家长和孩子生活的重心。素质教育本身是让孩子全面发展，但有一部分家长把其理解为兴趣教育或忽视分数教育，甚至是"读书无用论"。他们认为孩子的健康、快乐比什么都重要，应遵循孩子的意愿来发展，不应以成绩捆绑了孩子的思维，而对孩子的成绩越来越宽容。

"唯成绩论"和"读书无用论"都有一定的弊端，孩子的发展应是成绩和素质齐头并进，不能因成绩扼杀了孩子的兴趣，也不能以让孩子自由和快乐为由忽视了孩子的成绩。无论一个社会倡导怎么样的"多元化"发展，在众多的标准中，成绩依然是选拔人才的最重要标准。

那些站在象牙塔顶端的人，不是光靠兴趣和自由式的快乐，而是靠自律得来的学习成绩起了关键性作用。在美国高考中，如果一个孩子的成绩达不到 2200 分以上，像"常春藤"这样的大学绝不会给其机会。如今的诸多企业中，学历仍然是硬性要求。重视孩子的成绩不仅是为了让他读一个好的大学，更是让他将来有选择的权利。而当孩子凭借成绩进入一个更高的圈子，他身边优秀的人会越来越多，这些人就是他人生的财富。

让孩子重视成绩首要的是家长有成绩重要的概念，并让孩子意识到成绩的好坏与未来人生的密切关系。只有从思想上找到动力，孩子才有行动力。

如果家长对孩子的成绩表现得冷淡，孩子就会把其当作无所谓的事。

读一年级的时候，单单带着一张 70 多分的试卷忐忑不安地回到家。她很担心爸妈看到这个成绩后会大发雷霆，于是在把试卷给爸妈的时候，还没等爸妈说什么，她就先哭了起来。爸妈见她这个样子，生怕伤到孩子的心，想着小学阶段孩子的成绩也没那么重要，就只是简单地叮嘱了一声，下次考好一点就行。等下

第二部分 高效成长

次考试的时候，单单果然比上次有了进步。她兴冲冲地拿着试卷回来，结果等来的是爸妈同样简单的一声"这次考得不错"，孩子的心瞬间就冷了下来，对考试的分数也渐渐失去了兴趣。

一个孩子如果对成绩不在意了，他对学习的兴趣也失去了大半。孩子形成学习主动性的一个关键因素是家长对成绩的反应，因为在孩子的世界里都是渴望家长的肯定以获得成就感。如果孩子考得差，家长轻易地就放过，孩子就觉得差了也没什么影响；如果孩子考得好，家长只是轻描淡写地表扬，孩子就寻找不到考好的动力。家长只有对孩子的成绩给予情绪上的反应及理性的分析或是实质性的奖励，才能让孩子自身也在乎成绩。

一份成绩单确实不能决定孩子的未来，却是引导孩子走向未来的一种方式。重视孩子的成绩，帮助孩子以这种方式打开他的人生之门。

课程二
培养孩子的微笑

挫折教育

"仲尼厄而作《春秋》；屈原放逐,乃赋《离骚》；左丘失明,厥有《国语》……"这是大部分孩子从小就会背的内容。无论是在书本中还是在生活里,家长和孩子其实都有这样的认识,一个能战胜挫折成长起来的人,他的人生必定不凡,一个人需要挫折才能有别样的人生。但物质条件优越的今天,家长不愿孩子受挫,孩子也不愿意吃挫折的苦。

只是孩子如果小的时候不经受挫折,他将来就会面临更多的挫折。在心理学上,有一个词叫"逆商",它是指一个人面对挫折时候的反应。逆商是和智商、情商并列的,是一个人成功必备的三要素。可见,培养逆商是十分必要的。

让孩子接受挫折教育就是让他直面挫折。现在的孩子就是没受过挫,才会在想要的东西得不到或者被别人挤对了几句等小事上大发脾气或闷闷不乐。家长不必让孩子的生活过得太顺,偶尔给孩子使个"绊子"，比如不满足他某些要求；带他参加一个户外挑战；让他参与一个难赢的比赛；给他泼一泼"冷水"，让他跌几次"跟头"，时常感受一下受挫的感觉。

让孩子获得战胜挫折的勇气。当挫折来临的时候，有些孩子选择寻求父母的帮助，有些孩子则听之任之，还有些孩子象征性地应付一下就以无能为力匆匆收场。家长要让孩子站在挫折之上，而不是被压在它之下，让其以"我相信我能渡过这个难关""我一定能想办法应对它"这样积极的想法代替"算了吧，还是下次再说吧""我解决不了还有其他人能解决"等消极的想法。如果孩子在挫折中受到了打击，家长得引导他保持"塞翁失马，焉知非福"的良好心态，如果没有适时引导，孩子可能就形成了心理阴影。而面对一些超出孩子预想的挫折，家长也应及时提供帮助，告诉孩子家长是他永远的后盾，让他有心底的安全感。

挫折教育其实也是一种生存能力的考验。不要把孩子捧成温室里的花朵，经不得一点风雨的敲打，让他学习一些基本的生存技能，比如做饭、和人打交道、做一些冒险的事情、处理生活中遇到的问题等。"花盆里长不出苍松，鸟笼里飞不出雄鹰。"如果一个孩子都没接触过外面的世界，连基本的生存能力都没有，那挫折教育的效果也会大打折扣。

因为没有挫折教育，越来越多的孩子在承受不住压力的时候选择以伤害自己或轻生的方式来应对。挫折教育是形成孩子健康的心理以及面对困难时能以平和的心态解决问题的重要途径，但是家长也不能陷入挫折教育的误区，诸如认为孩子经历的挫折越多能力就越强或者一下给他一个最大的挫折，这样可能会导致孩子越来越经受不住挫折。

孩子逆商培养的最佳时期是在 1～6 岁这个阶段，那家长就要抓住这个关键期进行一些针对性的训练，开展合理的挫折教育。比如给孩子亲密的陪伴并及时地关注孩子在应对挫折中的情绪；给孩子一些方法和建议让其有能力来解决在挫折中遇到的问题。当孩子有挫折的概念和应对挫折的基本能力之后，可以在生活的点滴中培养逆商。

孩子控制情绪能力

快节奏的时代，人们焦虑的情绪越来越重，因情绪失控而导致的悲剧也屡见不鲜。据新闻报道，有一位妈妈在和丈夫吵架之后情绪极不稳定，冲动之下，把六个多月的孩子抛下楼之后自己也跟着跳了下去。类似这样的新闻报道，这些年从没断过。一个人在情绪失控时做出的事情既可能危害自身，也可能威胁到身边人的安全。

可见，一个人情绪的稳定是利己、利人的大事，这种自控力是在成长的过程中形成的，是人这一生重之又重的必修课。

多数人的情绪失控并不是一时之情绪，而是长期负能量的累积。培养孩子控制情绪的能力先得让孩子学会适当地释放情绪。

伟伟在做家务的时候不小心打碎了一只碗，家长顺口指责了几句。结果伟伟就哭了起来，家长觉得很难理解，不过就是几句指责而已，便对着伟伟又唠叨了几句："一个男孩子怎么几句重话都听不得，那我还说不得你了？""你打碎了碗，我还得表扬你不成？"伟伟只得默默收拾碎片。

在这个事情的处理中，伟伟的情绪就没有得到很好的释放。打碎碗对他而言就已经有自责的心理，而他本以为做家务是值得肯定的行为，这下不仅没有得到表扬反而挨了一顿骂。可家长完全没有感受到孩子的这层心理，只根据事情的结果对孩子进行指责。

这让我想起了一个在网上广受大众点赞的处理类似事件的做法。

一位爸爸在和女儿玩闹的过程中和女儿开了句玩笑，结果女孩瞬间大发脾气。这位爸爸没有生气，也没有指责女儿，而是把女儿抱到和自己平视的位置心平气和地和她对话，教她处理自己的情绪。他先是告诉女儿她有生气的权利，只是不要让这种情绪支配自己太久，因为时间久了心理就会出问题。女儿可以大喊，也可以拿枕头出气，无论怎样，爸爸始终爱她。如果她不喜欢爸爸和她开玩笑，就要勇敢地说出来她的底线在哪里，这样爸爸以后就会尊重她的底线，绝不越过去。经过一分多钟的对话，孩子的情绪渐渐平复了，还主动地亲了爸爸。

类似的事件达到了不同的处理效果，关键在于他们用了不同的情绪处理法，一是堵，二是疏。孩子的情绪在于疏，而不在于堵。

在非暴力沟通的体系中，有一个心平气和沟通的方式。首先是要客观地描述自己所看到的事实，如把"你怎么做作业老是拖拖拉拉"的表达变成"你的作业从六点一直写到了九点"，然后再来表达自己的感受"看到你这个速度，妈妈有点担心"，接着就是向孩子表达自己的需求"妈妈需要你做作业有效率"，最后就是向孩子发出请求"我们试着在两小时以内完成，可以吗？"在这样一个系统的表达过程中，不仅让孩子看到了自己的问题所在，也让他了解到了家长的感受，还清楚了之后的做法。

如果家长长期以这样的方式来和孩子沟通，那么就不会把自己的喜怒哀乐转移到孩子身上，孩子也会用这样的表达来和家长、他人沟通。在家长的心平气和中，孩子也学会了心平气和地去倾听对方的感受和需要，也能及时地将自己的情绪和诉求从心里宣泄出来。如果孩子学会疏通自己的情绪和理解他人的情绪，就在控制情绪上迈进了一大步。

优秀传统文化的引导

提起哈佛大学终身教授丘成桐，多数人对他的印象都是杰出的数学家。的确，丘成桐是唯一能兼得菲尔兹奖、克拉福德奖和沃尔夫数学奖三大数学奖项的华人数学家。可丘成桐在回忆他的人生经历时，却无数次地提到中国传统优秀文化对他这一生的影响。在丘成桐很小的时候，他的父亲就教他学习诗词、背古文，像《论语》《陶渊明集》《唐诗宋词》等经典文集，丘成桐都一一背诵了。虽然最初的时候，丘成桐对这些知识并不是很理解，可是积累多了之后，这些东西在脑子里边就慢慢改变了他对学问的看法。这段学习经历对他未来的"数字人生"产生了很大的帮助。

2017年，央视《中国诗词大会》舞台上的一名复旦附中学生武亦姝火遍了全中国。她凭借着深厚的诗词功底和淡定的气场战胜实力强劲的对手，以过硬的实力获得总冠军。网友笑称"武亦姝满足了我对才女的所有幻想"，这之后，武亦姝更是以高一生的身份被北京大学提前录取。

优秀传统文化给予一个人的不是一时的利益，而是一个人的精气神，是一个人价值观的底色，它影响的是人的一生。

让孩子养成日常诵读的习惯。学习传统文化没有捷径可以走，必须有扎扎实实的积累。家长可以给孩子每天设立一个固定的诵读时间，让其成为孩子的一种日常习惯。而在经典的选择上，应遵循循序渐进的原则，从一些朗朗上口的，如《三字经》《弟子规》等逐步过渡到《论语》《诗经》等经典的学习，不要让孩子一开始就有了抗拒心理。

给孩子提供展示的平台。和以前闭门造车不同的是，如今科技的发展给孩子的学习提供了很多展示的平台。家长可以给孩子开设微信公众号,将其诵读的片段做日常记录并在群内传播,让孩子感受到他做的事情正在被认同而获得动力。如果有与传统文化相关的比赛,家长也不妨让孩子参与一下,重要的不是名次而是给孩子提供一个平台。

为孩子寻找志同道合的伙伴。让孩子的学习变成有趣的事离不开合作学习,并且孩子有时候喜欢和同伴学习多于家长的陪伴。家长可以给孩子寻找那些对传统文化有兴趣并且家人也给予支持的孩子,鼓励他们共同学习。比如给他们进行背诵打卡、组内PK、定期交流等活动。一个孩子在学习上有了同行的人,他的积极性就会被激发。

随着国家对传统文化的重视,关于传统文化的节目和课程越来越多。在平常的家庭生活中,家长可以利用闲暇时间有意无意地外放一些语音课程。孩子也许没有完全听进去,但时间久了就会产生一种隐形的熏陶。

对于《中国诗词大会》这类的传统文化节目,家长也要陪同和鼓励孩子多看。这对孩子来说不仅是一种知识的增长,更能让孩子感受传统文化的魅力及它对一个人的影响,也让孩子看到有许多的人正在传播着传统文化。

优秀传统文化不仅包括经典典籍,还包括传统节日、刺绣、茶文化、武术、书法等,这都需要家长为孩子推开这扇门,之后才有热爱和坚持。如果孩子真能在学习传统文化中拥有"厚德载物"和"自强不息"的拼搏底气;拥有"心口如一,童叟无欺"的做人原则以及"一枝一叶总关情"的社会情怀,他的人生格局之大可见一斑。引导孩子学习传统文化是为孩子一生奠基，也是为中国文明的发展做着传承。

激发孩子情商概念

小学同学聚会的时候，部分女同学把自家的孩子带了过来。大人玩大人的，小孩玩小孩的。过了一会儿，孩子堆中有人哭了起来。经过询问才知道，原来是飘飘家的孩子在说另一个孩子的妈妈怎么那么老，而自己的妈妈多年轻漂亮。那个孩子听了当然不乐意，就为妈妈辩解，结果越吵越凶。飘飘听完之后有些尴尬，便呵斥孩子给那个孩子道歉。孩子不仅听不进妈妈的话，脾气反而越来越大："本来就比我妈妈老，为什么你们都要批评我，我说错什么了？"这下飘飘气到极点，脱口而出："我怎么养了你这么个不会说话的孩子！"妈妈越来越激动，孩子的情绪就会越来越难以控制，孩子觉得自己说的是实话不肯接受批评，让场面陷入越来越尴尬的境地。

旁边的人见这情形，纷纷以"还是个孩子，别计较""孩子的话当不得真的""别放在心上""算了，算了"来劝妈妈们。

对方孩子的妈妈立马以夸飘飘来结束了这场尴尬的争论。

原本只是孩子的一句真言，孩子做错什么了呢？什么都没做错，可似乎又错了。孩子真没有错，但错在没有情商。现实生活中，我们是不是对孩子随口而出的这些话比较熟悉"你怎么那么胖啊！""你好矮哦！""我怎么看着你像大叔呢！""你妈妈是摆地摊的啊！"……他们打着童言无忌的幌子，怎么想就怎么说，怎么说就怎么做，却完全没有顾及对方的感受，而大人以一句"孩子的话别当真"轻飘飘地带过。

是的，童言无忌，可在某些情境下，童言是真的刺得人心痛啊！

家长不要让"童言无忌"成为孩子低情商的幌子。如果孩子已经让他人陷入了尴尬境地而不自知，那这个孩子的意识里完全没有情商的概念。

孩子天生爱说实话，并且从小被教育要诚实，可这和情商并无冲突。如果孩子的真话给人不愉快的体验时，家长可以试着和孩子进行场景还原，并问问孩子的感受，问他是否愿意被人直接说"笨""矮""胖"这些带有否定语气的词。而此时，家长可以再和孩子进行另一种说话方式的情境体验，如果孩子听到的是"你好可爱""你的妈妈很有智慧啊"这样表示肯定意义的词，他们又会是什么感受？当孩子明白不同的说话方式带来的是不同的情感体验的时候，他们就有了"好好说话"的意识。

这时候，家长就可以向孩子引入"情商"的概念，让孩子清楚情商是一种理解他人及和他人相处的能力，是人在智商之外的另一种人格魅力。然后可以通过和孩子分享情商高的人说话和处理事情的故事，让孩子明白高情商的人能让自己和他人交往的时候都处于舒适状态，往往能有很好的人际关系，会得到他人发自内心的尊重，会更容易走向成功。

有了这样的概念之后，就应让孩子在生活中去体验。只有他在生活中感受过高情商带来的愉悦感之后，他才能把概念变成自发的行动。

研究显示，孩子的情商在 6 岁之前就基本定型了，成长时期是情商的发展期。家长如果以孩子还小而忽视孩子低情商的行为，而不注重培养他的高情商，那在未来的生活中要培养起来会相当困难。

礼仪以及自我形象引导

朋友到电影院去看电影，在他后座坐的小孩隔一会儿就用脚踢他的凳子，起初朋友还不介意。三四次之后，朋友就回头用眼睛瞪了一下这个孩子并小声提醒了一下孩子的家长。结果，孩子反而越踢越起劲，而家长就是轻描淡写的一声"别踢叔叔的凳子"就继续看电影。朋友忍无可忍，冲着家长厉声喊道："管管你家的孩子，行吗？"

你是不是也遇到过类似的场景：公交车上孩子在座位上跳来跳去，电影院里孩子大声喧哗，图书馆里孩子跑来跑去，等等。这样的行为让身边的人"恨"到牙痒痒，有些人甚至直接上前管教，而家长竟然视而不见，有些还出言维护，把这当成孩子的天性。这不是孩子的天性，而是缺少礼仪。

除了这样在公共场所的礼仪之外，礼仪还包括生活中的礼仪、学习中的礼仪等，它是一个涵盖面很广的概念。"不学礼，无以立"，礼仪代表一个人的基本素养，影响着人际交往和为人处世等。或者说，礼仪就是一个人自我形象的外在呈现。一个有着良好礼仪的孩子呈现出来的是积极向上、谦卑有礼的形象；而一个没有基本礼仪的孩子所呈现的是随意慵懒、毫无教养的状态。自我形象一旦形成，改变则是很难的。

树立孩子积极的自我形象，需要家长有意识地引导。

学会征求他人的意见。现在的孩子都是家里的小公主、小少爷，凡事都是家长来询问他们的意见，他们早已习惯了率性而为，比如随意拿别人的东西，把自己的想法强加给他人，动不动就给人甩脸色等。平常家长要有意识地引导孩子学会一些尊重他人的表达，比如，"你的这个东西，我可以先借用一下吗？""我希望你能帮我……你愿意吗？""你们刚刚的这个做法，我有些不同意，我们能再商量吗？"这样孩子就不是以一个目中无人的强势者的形象出现，而是懂得尊重他人意见并会与人沟通的样子。

学会基本的礼仪常识。很多孩子不是不想做一个有礼貌的孩子，只是家长从小没有给他这方面的引导，他也就没有形成这样的意识。类似于吃饭的礼仪就是家长首先要和孩子分享的，如怎样使用餐具及用餐的时候要注意什么；客人来了，如何招待客人；到一个新的环境，如何结交新朋友等，家长如果不教，孩子很难主动做到细致。孩子有时不是不想，而是不会。

在礼仪中树立自我形象有一个重要的原则就是心中有他人。要是孩子在行事之前能为他人想一想，他的行为就有所改变。在商场拉门的时候,"啪"地关门和等一等会给后面的人带来怎样不同的结果?在图书馆轻声耳语和大声喧哗会让身边的人有怎样不同的感觉?等客人来了再吃饭和菜一上桌就急于开动哪种方式更合适……平常的生活中,家长多引导孩子站在对方的立场来分析不同行为给他人带来的不同感受,孩子的礼仪意识就会更强烈,表现出来的行为也会越来越礼貌。

中国"礼仪之邦"的精神传承,不在他人,就在孩子的一言一行中。

多让孩子体验成就感

毕业晚会上,珊儿的一曲《致爱丽丝》惊艳了所有的家长。晚会散了之后,有家长向珊妈取经:"你们家孩子这钢琴水平起码也得练了几年,怎么我们家的孩子学钢琴就是坚持不了?"珊妈在自家孩子学习钢琴这件事上的确没有多操心,而是顺其自然就坚持了下来。如今回想起来,最大的原因是给了孩子学钢琴的成就感。

最初起步的时候,珊妈并没有给孩子定一个钢琴特长或考级的功能性目标,而是一种爱好。只要孩子有一丁点的进步,她都会给予孩子极大的鼓励,让孩子感受到她能学好钢琴。等孩子在钢琴中找到了自信并且感觉孩子到了考级的水平之后,她在征求孩子意见的前提下,就走到了考级这一步。珊妈也没有规定孩子非得什么时间达到什么水平，只是每次孩子顺利考级之后目标感更强了，像爬楼梯一样一级一级登上去。

在孩子学习钢琴的过程中，珊妈会时不时地扮演一下学生请孩子教教她，有时候也会请自己的朋友到家里来让孩子教学，往往这个时候珊儿的兴致就特别高。有时候，珊妈也会以"妈妈今天上班好累，可以请我的宝贝女儿献上一曲钢琴曲缓解一下疲劳吗？"或者是"做家务的时候没有钢琴声，我这一点动力都没有啊！"以这样温馨而调侃的语气来调动孩子弹钢琴的热情，让她感觉她能用钢琴为妈妈做点事情。而有的时候单位有演出，珊妈就会送上请帖以邀请嘉宾的身份请孩子到现场演出。

像这样让孩子体验到成就感，孩子就能把所学的东西变成兴趣，然后发展成自己的特长，和定规矩及强制要求比，这样的方式省力又省心。

让孩子体验成就感是帮助孩子树立信心及找到价值感最好的方式之一。在成就感里，孩子会形成对这些行为的正强化，从而在无形中获得进步。

有时候成就感的获得并不在于做成了某件大事，而是在日常的小事中。

孩子能主动和人打招呼，家长说一声"越来越懂礼貌了"；孩子用零花钱给家长买了一份礼物，家长说一声"爸爸妈妈很感动"；孩子把房间保持得很整洁，家长说一声"真是有一个讲卫生的好习惯"；孩子和同学外出玩能打电话问家长的意见，家长说一声"谢谢你记得爸妈会担心你"……

孩子在这样的行为中获得了肯定，他就会不停地强化这些正向的行为。

家长适当地示弱也能帮孩子找到成就感。比如和孩子下棋的时候，偶尔输一盘；在某些方面让孩子教一教自己。事例中的珊妈就是通过让孩子教自己弹琴来让女儿获得成就感。"青出于蓝而胜于蓝"，在如今这个时代，孩子比家长突出是最正常不过的事。家长不要为了保持自己的威严而在孩子面前不懂装懂或摆派头，让孩子分享他的知识和能力不仅不会丢脸，反而会让孩子感觉自己是被需要的，让他产生前所未有的成就感。

找到成就感的孩子才能更好地激发自己的潜能并且不停地完善自我！

课程三
优秀社交能力

学会分享

曾经有一个班的孩子很喜欢看《月亮是谁的》这个绘本故事。

书中分享了这样一个故事：小巢鼠生活在大麦田里，每天晚上月亮陪着它入睡，它也会唱一首摇篮曲送给月亮。可是忽然有一天，月亮不见了。小巢鼠在大麦田里找月亮，鸭子跑到池塘里找月亮，野兔跑到山坡上找月亮……它们都争着抢着说月亮是自己的，是别人把月亮偷走了。正当它们吵得不可开交的时候，一阵山雨来了，野兔把大家带进了山洞。等它们从山洞出来的时候，月光洒满了整个山岗。它们才明白：

"天上只有一个月亮，它属于我们每一个人。"

小动物们为了独享月亮而争吵，后来所有的人分享着这一片月光，它们才发现月亮不仅照着一个角落，它们才看到原来这个世界这么美丽。

"独乐乐不如众乐乐"，把美好和快乐进行分享，它们才会更有意义。

家长习惯了把最好的东西留给自己的孩子，怕孩子吃亏，其实让孩子学会分享，他才能拥有更多的美好和快乐。

把学习方法分享给同学，不仅同学得到了进步，也让自己的知识得到了巩固；把书籍分享给山区的孩子，不仅给他们带去了知识，也让这些书籍有了更多的意义；把关心分享给身边的人，不仅能让他们感受到温暖，也给自己提供了很多方便……分享比自私拥有得更多。家长在让孩子学会分享的过程中，应该谨记以下原则：

不强迫原则。每个孩子都有自己的物权意识，有些东西对孩子而言有着特殊的意义，如果家长以"分享是美德"的口号让孩子分享自己不愿割舍的东西，并责怪孩子"小气""自私"，只会让他觉得自己的权利被剥夺，并讨厌"分享"这种行为。即使事后家长买一个一模一样的东西来弥补孩子，对孩子而言也不是同一个感觉了。引导孩子学会分享是一个缓慢的过程，以尊重孩子为前提给孩子时间和空间。只有在内心认同这件事，他才会理解这件事的意义。

不随意拒绝原则。每个孩子都渴望被认同、被需要，他们难以接受的是被否定被拒绝。当孩子拿着他喜欢的但在成人看来并没有意义的东西和家长分享时，如果家长以"你自己吃""你自己玩""妈妈不需要""这是小孩子玩的东西"来拒绝孩子的分享，他就会感受到沮丧；或者家长为了鼓励孩子的分享行为而以"你真棒""谢谢"等不走心的语言来敷衍孩子,孩子也能分辨出家长的情绪。只有家长发自内心地接受孩子的分享并因此表示出快乐,孩子才能得到正向的鼓励而乐于做这件事情。

当然,如果家长能在引导孩子学会分享的过程中使用一些趣味的对话、游戏、场景等他们易于接受的方式,孩子便会体会到分享的乐趣,这样的效果必定事半功倍。

"赠人玫瑰,手有余香",这句古谚教给了我们分享的快乐。分享,是这世间最美的互赢,但孩子并非天生就会分享,家长要在和孩子的双向互动中让孩子体会到分享的快乐。有时候不需要刻意做什么,生活的每时每刻都存在分享,关键是孩子要拥有一颗分享的心。

会分享的孩子,他的生活充满了阳光!

懂得坚持

物质条件越来越好的今天,孩子的生活状态可谓是养尊处优。在这样的教育环境之下,孩子变得越来越娇气,如吃不了苦,受不得委屈;想做的事情一定要做成,不想做的事情想放弃就放弃;更可气的是,他心血来潮时想要做的事让家长费尽心思,而他一声"不想"就让家长的心血付诸东流。这样的随心所欲不仅浪费时间和精力,更可能让孩子一事无成。

坚持，对现在的孩子来说已是一种难得的品质。让孩子养成坚持的习惯，离不开家长的帮助。

一是树立孩子的目标意识。如果没有方向，孩子就会无所适从。有时候并非孩子不想坚持，而是他不知道为何坚持。比如家长总想让孩子努力学习，可孩子了解不到坚持学习的意义所在。如果家长让孩子意识到学习是为了将来有更多选择的权利或者是让自己成为一个内在丰富的人，又或者是让未来的人生少走弯路，那孩子就有了一个基本的动力——我希望我的人生……当然，目标是一个比较笼统的概念，家长还需要将这个目标具体化，如选择怎样的职业、读怎样的大学、过怎样的生活，孩子才能有清晰的认识。只有有方向的坚持，孩子才不会有迷茫的情绪。

二是帮孩子克服畏难情绪。即使是成年人也会有畏难或懈怠的时候，家长应理解孩子想放弃的情绪，而不应急于指责。指责下的坚持是被动的，并没有激发孩子内心的驱动力，效果也很不好。当孩子想放弃的时候，他的内心是在寻求帮助，家长应通过合理的方式引导孩子坚持下去。

如果孩子感觉到目标太难实现，家长可以帮孩子制订短期的计划，先让孩子达到他能达到的，将目标一步一步分化，减轻孩子的压力。当孩子在小目标中取得了一定的成绩，家长需要给予及时的鼓励或奖励，来强化他的行为。若是孩子的行为长时间没有得到肯定，就算心中有长远的目标，那也只是海市蜃楼，美好而不可及。

三是给孩子精神上的引领。有时候家长可以借助"偶像"的力量来激励孩子，让孩子看到那些出类拔萃的人或是正能量的人是如何把一件事做到最好，如何给身边的人影响，让孩子可以用一个榜样来激励自己。当然，如果家长能成为这个榜样将最有助于孩子坚持习惯的形成。

四是磨炼孩子的意志力和专注力。坚持力不强是孩子意志力和专注力薄弱的表现之一。在生活中，家长可以带着孩子进行登山、跑步等磨炼意志力的户外活动，也可以在画画、写作等活动中训练孩子的专注力。意志力和专注力都提升了，孩子自然有自我坚持的毅力。家长平常多了解和关注孩子，在活动中强化孩子的坚持力，效果远胜于说教。

"行百里者半九十"，人生是一场马拉松，跑得快的人不一定能跑到终点，而跑得久的人却能看到更远的风景。不要好高骛远，这样目标会遥不可及；不奢望一口吃成胖子，这样容易受到挫败；也不要试图不劳而获，不是靠奋斗得来的终究是一场空。坚持在每件小事中打好人生之基，让坚持成为孩子的底气，当他的坚持没有得到他想要的结果时，不要让沮丧阻碍了他前行的脚步，有些人一辈子坚持做好一件事才成就了传奇的人生。

他的成就感或许来得晚，但他终会有所收获。

第二部分　高效成长

忍耐孤独与寂寞

享受孤独是人这一生必须学会的一课。孩子终究要长大，会有一个属于自己的世界，陪伴在他身边的人都只能陪他走一段路。

家长常害怕孩子性格内向，或者是有不善与人交流、没有朋友、不会表现自己等行为，便想方设法让孩子参与各种活动，让他融入群体生活，有时甚至用他们的方式帮助孩子结交朋友。习惯了生活在关注之下的孩子难以静下心来享受自己的生活，当他远离他人的世界，一个人的时候就会无所适从，常会有落寞感，觉得生活枯燥乏味。

孩子有好的交际能力和人际关系固然是一件好事，但如果孩子能静下来忍受孤独也未尝不可，他能在孤独与寂寞中发现新的世界。

小逸是一个智商超级高的孩子。上课的时候玩自己的东西，也能非常清楚老师所提的问题及回答得很完整；她的学习成绩基本是班级前列。这样聪明的孩子却不喜欢和其他的孩子打交道，她总是沉浸在自己的世界里。当其他孩子在教室玩得不亦乐乎的时候，她在桌上安静地画画或是做手工。从他人的角度看来，小逸实在是太孤单了，在孩子当中仿佛显得格格不入。

其他的家长有时也会劝小逸妈让小逸加入孩子们的队伍中

来，但小逸妈并没有强迫孩子变得合群，也没有试图改变孩子。小逸妈曾说，她的孩子在自己的这个世界非常快乐也很满足。回到家完成作业之后，她们会进行适当的体育锻炼。接下来孩子就会自行安排自己的活动，有时是阅读，有时是做手工、绘画，有时是插花、写字等，从来不需要家长催促。

孩子的阅读量已经超出了一般的成人，她的绘画就是自己生活的连载，常常在各个比赛中脱颖而出，而插花和手工已经成为家里最独特的布置。

小逸并不是一个不会交流的孩子，她真诚、善良，懂得尊重他人，只是喜欢沉浸在自己的世界里。相比其他的孩子，小逸已经找到了和自己相处舒服的方式。她能忍受这种孤独与寂寞，在这段时光里完全按照自己的意愿来安排生活，并寻找到存在感和价值，这样的生活方式也是一种选择。

孩子都是喜欢热闹而害怕孤独的，正如蒋勋所说："当我们惧怕孤独而被孤独驱使着去消灭孤独时，是最孤独的时候。"与其害怕，不如在忍耐中享受，在享受中成长。

孤独与寂寞给孩子提供了倾听自己内心声音的最好机会。只有在一个人静下来的时候，他才能懂得自省，才能有时间消化那些在喧闹中学到的东西，才拥有真正的自由。在这样的"空闲"之下，他才会将注意力放到那些不曾观察过的自然景色的变化，感受天然的美；他才会试着做类似于读一本书或是练练字这样需要全身心投入的事情。有时候家长苦于自己的孩子坐不住，也许是因为没有给他一个尽情享受孤独的时间和空间。

在这种独属于自己的世界里,他渐渐找到了一个隐藏着的自己。

没有人天生孤独,也没有人不会孤独。让孩子试着忍耐孤独与寂寞,就是让孩子找到和自己相处的方式。

曾听过一个关于"孤独"的拆解,所谓的孤独就是一个孩子、一片果园、一条犬和一些虫蚁,有了这些,这个世界已经足够丰富和美好了。

独立性与主观性

当下社会流行一个词叫"妈宝男",这个词是指凡事都以妈妈的意见为宗旨,生活上没有自立能力的男生,其实是指那些被父母宠坏了的孩子。

这类人在社会上并不受欢迎,他们除了不能打理好自己的生活,还得靠依赖父母为生,并且不能担当起自己家庭未来的重责。

我们不能把孩子培养成"妈宝男"或是"妈宝女",应是把他们培养为具有独立性和主观性的顶天立地的孩子。

拥有独立性和主观性的孩子,能清楚什么是自己需要的和不需要的;

拥有独立性和主观性的孩子,能在突然的变故前坦然面对和处理;

拥有独立性和主观性的孩子，能给自己身边的人减轻压力和烦恼；

……

怎样才能让孩子拥有这样的能力呢？

给孩子做决定的权利。在买衣服的时候由孩子决定喜欢的颜色和款式；到商场吃饭的时候让孩子选择店铺并试着点菜；周末的亲子日活动由孩子来定外出的地点……先从这些家庭的基本事项着手，让孩子意识到自己是有表达权的，并在一次又一次的决定中消除孩子的选择犹豫症。家长千万不能忽视这些日常事物的决定，它组成了孩子的基本生活，这种决定成为习惯之后就是孩子的下意识。类似于朋友聚会的饭局和外出游玩，孩子都有了基本的经验，就能逐渐参与并成为组织核心人物。

在实践中有意识地引导。死读书的孩子难以有独立性和自主性，走出去才能开阔眼界。家长要给孩子一些活动的机会，不仅让孩子作为参与成员来体会快乐，还应利用这样的机会训练孩子的能力。琦琦一家人进行长途旅行的时候，她的妈妈把它当成是琦琦的独立之旅。从决定旅行路线到制定行程、到订酒店等一系列的事情，妈妈都让琦琦参与其中并发表意见。临出发前，琦琦的行李箱全由自己打包，妈妈只负责审核琦琦列的清单并给她做一些补充。旅行的过程中，问路、买水、买纪念品这些旅游中的经常性行为都由琦琦执行，妈妈只在旁边观察和鼓励。这样一趟旅行下来，琦琦收获的绝不仅是玩的乐趣及欣赏的风光，更是一种成长。

给孩子试错的机会。孩子依照自己的意愿做决定的时候，有时考虑不全会带来不好的结果。这时候如果家长指责孩子，就会给孩子增加心理负担，以后就不敢轻易做决定。孩子做了决定之后，家长应帮助孩子一起承担后果，让孩子勇敢地面对问题，在承担的过程中引导孩子认识到不是每一个决定都会有好的结果，但我们应有为自己的决定负责的勇气。真正的独立应是一种担当，如果一味地逃避犯错，就不会有考验的机会。

培养孩子的独立性和主观性要让家长学会把"这事我们已经决定了"变成"这事由你定"；把"这不是你的责任"变成"这是我们共同的责任"；把"这事和你没关系"变成"这事你也一起来"。当然，在孩子年龄和经验的限制下，家长应是孩子的引导者和帮助者。家长应不断地提升自我，用自身的人格魅力和长远的眼光让孩子在自我成长的路上更自立、自强。

决断能力

古往今来，凡成大事者，皆有一股果决之气。但凡为将或为领导者，更是如此。因为这些人常常面临着千变万化的状况，需要当机立断。一个决断影响着全盘的走向，他们都是在这样的磨炼中走出来的。一个犹豫不决的人很难带领团队走向持续发展的道路。

决断能力不仅影响着一个人能否成就大事，也影响着生活的

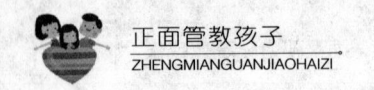

点点滴滴。有决断能力的人在生活中不会畏首畏尾，做出决定之后也不会沉迷于已发生的事件当中，他们决不拖泥带水，反反复复。这样的人勇敢、坚定，行动力强，活得洒脱，对事情持有积极的态度。

培养孩子的决断能力需要家长有耐心地引导。

一对父母带着孩子去游乐场玩，孩子看到这么多类别的游乐设施，一下不知道该选择哪一个，左看看，右转转，好一会儿都没有玩一个项目。看到孩子的犹豫，家长的脾气就来了："照你这个选法，花这么多钱你能玩几个东西！想选什么就选什么，怎么要想这么久。"然后，就随手给孩子指了一个"就玩这个"。孩子就在父母的指定下玩了起来。

多数父母都不喜欢孩子犹犹豫豫，但没有应对方法。在这个事情中，孩子的犹豫是因为面对突如其来的多项选择无所适从。家长应引导孩子学会在诸多选择中做出合适的决定，并理性地告诉孩子犹豫过久可能会导致没有时间玩更多的项目，而不是厉声呵斥，更不是在孩子做决定的时候没有耐心等待而抢夺他的决定权，这样孩子就会产生不敢做决定的畏惧心理。

让孩子有决断能力不是决定越快越好或者不给孩子犹豫的机会，而是在日常事件中有耐心地引导，让孩子有较好的判断力。

培养孩子的决断力需要激发孩子内心的驱动力。孩子一般习惯于依赖父母，在父母的羽翼之下更有舒适感。如果父母试图让孩子做决断的时候，他会产生一种畏难情绪，因为决断需要他思考，需要接受他人的评价，需要承担后果，那么父母就应让孩子意识到决断对于孩子自身的重要性。自行做决断的孩子能有自主权，他能选择自己内心真正想要的并拒绝内心抗拒的东西；他有一定的向心力，其他孩子都愿意听从有决断的孩子的安排；他能省掉一些纠结的时间，用这些时间来做更多喜爱的事情；等等。同时，家长也要让孩子意识到如果一直由父母做主，孩子难有自己的人生，更何况父母不能陪伴孩子一辈子，最终还是由他自己掌控命运。虽然做决断有时面临着承担，但更早地学会承担比在未来的人生中不知所措更能获得幸福感。

培养孩子的决断力需要远离完美的心态。有些家长希望孩子做的每件事的结果都是令人满意的，于是，孩子在追求这个完美的过程中不停思虑和纠缠，形成了犹豫的个性。有时家长想等孩子的实力提升或者等合适的时机才让孩子做决断，那么最佳的训练时期已经失去了。在决断中汲取经验而成长，比在完美中获得称赞更能推动孩子的发展。

当下是一个高速发展的时代，是一个需要有清晰的决断力才能适应的时代，犹豫不决只会跟不上时代的节奏，成为社会的淘汰者。家长应成为孩子决断能力的助力者，给孩子决断的机会。

懂得团结别人

蚂蚁是昆虫界团结的代名词，一群蚂蚁合力能将比它们大很多的东西拖入洞穴；大雁也有着这样团队协作的精神，它们排成

正面管教孩子

"V"字形并不是为了美观,而是为了减轻飞行阻力。这些自然界团结的现象,孩子耳熟能详并常写入作文中。

在孩子的意识中,他明白团结的重要性,但对他而言更多的一种概念是:书本里告诉我们"团结就是力量";老师告诉我们"人心齐,泰山移";家长告诉我们"和别人团结才能有好的人际关系";电视里告诉我们"会团结别人的人才能取得成功"……可怎么做到团结呢?

学会团结就是不急于指责和推卸责任。

班级举办了一个跳长绳比赛,有15人参赛。孩子们的集体荣誉感都非常强,希望班级能取得一等奖。模拟比赛的时候,孩子们一个个急不可待,催促着前面的孩子快一点。当某个孩子被绊住了之后,"哎呀""你快点""你怎么回事""没时间了"的声音同时涌向那个孩子,被困在绳里的孩子越来越慌,整个队伍的节奏全被打乱了,结果可想而知。

正式比赛之前,老师引导孩子们做了一个反思,她先是采访了那些被催促的孩子的心理感受,然后让其他孩子换位思考体验这种感受。接着,老师让孩子们试着说"没关系",让孩子们带着这种体验重新跳了一次。

下午比赛的时候,班级就像拧成了一股绳,跳出了一个节奏。

当你指责他人的时候,你已经将对方排除在你的队伍之外,是他的错影响了你,而当你说"没关系"的时候,意味着你愿意和他一起承担这个失误,你们之间的关系就近了一些,团结力就渗透其中。

学会团结要远离出风头或嫉妒心。团队不是一个人的突出，而是一群人凝聚之后的优秀。过于追求个人表现，会忽视和其他队员的配合；而嫉妒更是团队凝聚力的天敌。如果因为团队成员的优秀而不愿意给他提供帮助或者背后使绊子，削弱的是团队的整体力量。比如在球队中，一个人冲锋陷阵只会是个人球技的体现，他的力量敌不过一支队伍，而队员即使实力不超群，如果互相之间打好了配合也能赢得最终的胜利。家长要教孩子尊重他人的劳动成果，发自内心地为他人获得的成绩祝福，反过来自身也会被其他孩子祝福，这样的良性循环才能形成人人向上的团队氛围。

学会团结需要借助活动。一个人培养不出团结力，它是一个团队共有的精神，需要在团队活动中共建。家长可以带孩子参与素质拓展或是班级活动等团体性项目，通过团队之间的沟通和协作来提升孩子的团结力。家庭生活中，也可以把家庭当作一个小团体，进行家庭活动的分工合作或者玩一些小游戏。有些父母习惯以一己之力完成家中的事情，认为分给孩子来做反而耽误时间。有了这样多次的训练之后，那些耽误的时间不仅会补回来，还会让孩子的能力得到提升，让家庭的凝聚力更强。只有获得了体验感，孩子才能体会到团结的快乐和力量。

"一个和尚挑水喝，两个和尚抬水喝，三个和尚没水喝"，不懂团结的团队就是一盘散沙；团结他人是一种借力的方式，能让自身集合不同人的优势。一个人单打独斗的时代已经过去了，真正的"英雄"善于团结他人，有合作精神，能携手他人共同走向优秀。

别让孩子做一个孤军奋战的"英雄"！

宽容与理解

"泰山不让土壤，故能成其大；河海不择细流，故能成其深。"宽容与理解是中华民族优良的传统之一，具有这样品质的人不仅拥有广阔的人生，也能让自己及他人拥有极强的幸福感。

一个孩子如果过于计较或是不会站在他人角度想问题，他的心就会被生活中的不愉快占满，凡事都不能顺他的意，任何人都不能真正明白他。这样下来，不仅人际关系紧张，自身也会陷入烦恼的旋涡。

家长在生活中要多给孩子做表率，让他看到宽容与理解的魅力。

如果一个家长经常为了几块钱和人吵得面红耳赤或是因得到蝇头小利而沾沾自喜，抑或是家长对社会底层劳动者表现出言语和行为上的不屑，或者是为了自家的孩子和他人的小冲突而咄咄逼人等，那孩子只会在这样的言行中学到斤斤计较、面目可憎，根本就看不到什么是宽容和理解。反之，一个常对孩子说"没关系""你可以多做一点""我们让着他一点""我们帮帮他""你看，人家不方便""这个比钱更重要"等言语的家庭，它培养出来的孩子能看到他人的不容易，也能允许自己"吃亏"。

此外，和谐的亲子关系也在无形中促进了孩子养成宽容和理解之心。

我的表妹是一个极容易满足和快乐的女孩。在家里，她和妈妈就是无话不谈的朋友式关系；而和他人相处的时候，她也能让人觉得舒服。

某一次表妹和我分享了一个小经历，我从中猜到了她这样个性的原因。

读小学的时候，表妹特别喜欢画画。有一次，表妹的绘画本已经画完了，但很想把那一刻的灵感记录下来，便拿了同桌桌上的绘画本。后来，同桌把表妹告到了老师那里。结果可想而知，老师就让家长到学校来赔偿。一本绘画本虽不是什么大事，但私拿他人的东西确也值得教育。在老师面前，小姨没有任何的辩解，也没有对表妹有任何言语上的训斥。

回家的路上，小姨带表妹去文具店选购了一些新的绘画本并买了一套绘画工具。那天晚上，小姨和表妹谈了许多。她先是让表妹意识到私自拿他人东西的错误，然后对表妹说："我理解你喜欢画画的心理，但是自己喜欢的东西要以正确的方式争取。"表妹说，她永远记得妈妈在说"我理解你"这句话时候的温柔以及那一刻她放下戒备心理的轻松。

从那天起，表妹很信任自己的妈妈，也一直记着那种被理解的感觉。她也学着以"我理解你"的心来和妈妈相处。在这样长期的影响下，她逐渐学会去理解他人，慢慢就成了生活方式的一部分。

在表妹需要帮助的时候，小姨站在了她的身后，看到了她心里的恐惧，也看到了她内心的光芒。她首先想到的不是自己丢了面子，而是孩子需要什么。她站在了孩子的角度，也得到了孩子的心。家长的理解是孩子打开心门的钥匙，而孩子也在家长的理解中读到了被理解的快乐，她才会使内心理解的种子萌发。

学会宽容和理解需要父母和孩子的共同努力，它不仅能让人处理好人际关系，更重要的是能让人放下心中的怨念，拥有一个阳光、健康的心态，和这个世界和谐相处。别让自己的心变成一座狭窄的城，而要让它成为一片广阔的海洋，才会有纳百川的浩瀚。

不固执

前年过年的时候，表哥一家人来我们家走亲戚。到了晚上，10岁的小侄女忽然吵着要回家。本来表哥已经在前一天晚上和她约定好了，住一个晚上就回市区，可小侄女完全顾不得这个约定，一个劲儿地嚷。从家里到市区要三个多小时，况且第二天还有其他亲戚要走，表哥没有答应孩子的请求并试图跟孩子讲道理，结果小侄女直接往外冲。最终，姑父、姑妈、表嫂一行人陪着孩子当晚回到市区，第二天又开车回来走另一家亲戚。

孩子一时任性、固执，让一家人为她"埋单"，这是家人给予她的包容，可到了社会上，没有人会在意你的固执和任性：赌气不吃饭，那就真只能饿着；和他人置气，那就一个人憋着；听不见他人意见而执意做某件事，后果便自己一人承担。固执最终只能由自己埋单。

　　造成孩子固执的原因诸多，其中一个重要原因是父母的宠溺。从小到大，父母没有是非对错观念地凡事依着孩子，导致孩子习惯以自我为中心，按自己的意愿行事；而有些孩子的固执是强烈的自尊心驱使，这些孩子在成长的过程中长期被父母压制或者在生活、学习中常受挫，他们需要以固执来证明自己，维护自尊，是安全感缺乏的表现；还有的孩子是过于自信，这些孩子从小到大的优秀让他们极少被否定而习惯了相信自己的判断。

　　无论何种原因，固执的人于己不利，也容易给他人带来麻烦。

　　换位思考能让孩子远离固执。孩子的固执是因为他只看到了自己，而没有注重他人的感受。在生活中，家长如果能以"你站在他的角度想想""如果你是……""你这样做，你考虑过……"等换位思考的表达来引导孩子，那在他的意识中会逐渐有他人的概念。如文章开头写到的小侄女，只要她站在家人的角度思考她的行为给家人带来的不便，就会打消念头。

　　表哥也试图以这样的方式引导却没有成功，是因为小侄女的固执不是一朝一夕养成的，而换位思考也非一教就会，这样的引导是长时间的点滴渗透。

　　正面肯定孩子的非固执行为。与其正面批评孩子的固执行为，不如多肯定孩子的非固执行为，让孩子把非固执变成生活常态。孩子能听得进家长的意见时，不管孩子执行的结果有没有达到家长的期待，家长都应先肯定他的态度，再来分析事情的结果；当孩子把胜负欲看得过重的时候，家长不应让孩子处处争第一或做最优秀的那一个，而应帮他缓解压力；同样，孩子的占有欲过强的时候，家长应肯定孩子的"失去"，比如谦让、舍得。正向引导是采用不同的方式达到和正面批评同样的目的。

让孩子不固执的一个重要前提是家长自身不固执，能听得进孩子的意见，让孩子多表达自己的想法，尊重他的意见。当孩子生日的时候，如果家长没有事先和孩子约定而孩子已经约好了和同学吃饭，家长就不应打着家人团聚的名义让孩子推掉约会，并强制要求孩子执行。在孩子看来，那是家长的专制、固执，而不是对他的爱。在孩子的决定没有危害到他人、没有伤害到自身的情况下，家长应给孩子属于他的选择和尊重，这样的孩子不会被压制，否则他会把累积的压抑在日后的生活中释放出来。

固执是一种偏执，是对自我的一种苛求，是对他人的"绑架"，只有放下它，才会在生活的舞台上轻装上阵，得到更多的掌声！

课程四
孩子的软实力

表现欲

很多家庭从小就教育孩子少出风头,免得遭人妒忌。谦虚和低调向来是中国人喜欢的词,这两者兼得是优秀品质,但一个孩子爱表现也并不意味着他不具备这种品质。在低调做人的背后,人们还强调高调做事。

秀秀从小就非常努力,她的学习和品质都让人交口称赞。家人常教育她如果你优秀,别人自然会发现你,你只要做好自己的事情就行,如果过于表现只会让人觉得你骄傲。于是,秀秀很低调地做着自己。评优的时候,她从来不主动竞选,而让别人推荐;上课的时候,她从不举手发言,等着老师叫她;有比赛的机会,她也不会去报名,因为她知道老师会找她谈话……这些事都如她所愿,评语、答问、比赛,她不需要争,都有她的份儿。

可是长大以后,她才发现自己很不喜欢这样的性格。因为她已经习惯了凡事在原地等待,没有主动争取的习惯。可是,工作中的很多事并不是别人来找她，而是需要她找别人。每一次有好的机会，她都眼睁睁地看着它落在了别人身上。她也想过主动，可是战胜不了内心在意的他人的看法。"这么急着表现，到时候看她做成什么样"的声音总是围绕着她。不仅在工作中，在感情里她也很被动，完全不懂如何主动关心他人。

如果一个孩子没有表现欲，他就会慢慢形成被动的个性。读书的时候，成绩可能会让他突出，但工作的时候，主动性才能赢得机会。一个人有表现欲的时候，其实是他对生活和工作有热情，是一种积极的态度，它能为他赢得更多的机会，能在这些机会中让人生变得丰富而精彩。

以前在学校上公开课的时候，台下坐着很多别校的老师。全班同学没有见过这样的大阵仗，好多孩子因怕说错话、怕丢人而不敢发言。有一个小男孩不仅多次发言，更在课结束的时候主动请求给台下的老师表演节目，他大方的姿态赢得了现场热烈的掌声。后来，有一个老师主动邀请这个小男孩参加他们学校正在某广播台录制的一档少儿节目。一个主动表现的行为，让他的小学生活又多了一个精彩的回忆。

我相信这个小男孩有这样的表现并不是一时兴起，而是已经把积极主动地展示自己当作他人生的一种习惯，即使有更大的舞台，他依然如此。

孩子天生都有表现欲，这是他的心理本能。因为他有对这个世界的好奇心，也需要被看见，并且这种欲望会随着外在的肯定而越发强烈。家长切不可在孩子急于表现的时候对其视而不见，也不可轻易责怪孩子因为爱表现而带来的"麻烦"，更不可担心自己的孩子表现不好而失了面子。家长应给予孩子理解和适当的鼓励，让其有自信地展示自己。

对于那些不爱表现的孩子，家长可为他们适当地创造一些平台。先从孩子的兴趣爱好和擅长的东西入手，让他们在某个领域的表现中找到成就感，树立起自信心，然后再推及其他的领域。

当然，对于那些表现欲过强的孩子，家长也不可任由其内心一味地膨胀，这样容易形成自负的心理，适当的时候给予他们一些合理的"打击"。

孩子的表现欲是积极的心理品质，需要家长精心的培养。当孩子能积极主动地、不为表现而表现地完成一些事情的时候，他就会在人生舞台上大展身手，而社会也需要这样的人才来创造新的价值。

情商

"你若盛开，蝴蝶自来；你若精彩，老天自有安排。"一个有吸引力的人自然能让身边的人向他靠拢，也能得到上天的眷顾。情商就是一个人重要的吸引力，它能让人具有极大的向心力。

一般来说，高情商的人不仅能把事情做好，还能给他人留有余地；能把他人制造的尴尬境地巧妙地化解；能听得进别人的意见，还能让提意见的人舒心……人人都想成为高情商的人，但高情商是需要培养的。

高情商的一个重要表现是会说话。除了说的话让人舒服之外，还应懂进退。不少家长一味地鼓励孩子有好口才，让孩子养成了说话的时候要胜过他人的习惯。比如两个孩子在争论的时候，非要争个输赢来证明自己，输了则被指责成"你嘴怎么那么笨""说个话都说不过人家"。这种方式来获得的自豪感并不是会说话，反而是低情商的表现，因为表面是胜了，却失去了风度，也让对方处于尴尬的境地。逞一时口舌之强，不如留一丝余地，让彼此都有空间，这才是高情商的表现。

高情商的另一个重要表现是会倾听。每个人都喜欢表达自己，都渴望得到他人理解，尤其是需要倾诉或者在某方面有表达优势的时候，但多数人都不喜欢别人在自己面前喋喋不休。培养高情商的孩子，就要教会他在这些"喋喋不休"中去听出价值。如果对方是向你倾诉，你真诚的倾听会让他释放自己的情绪，这种同理心会让他对你产生信任感；如果对方在表达中是展示自己的观点，你的倾听就是在学习他人的知识来增长自己的见闻，也会让对方有成就感。在对话表达的过程中，你急于表达自己而随意打断对方的话，不仅不会突出你的能力，还会因不礼貌使对方介怀。

高情商的人懂得在细节中照顾他人的感受。高情商的人往往非常注重细节，他们的表现不是为了做给他人看，而是把让人舒

第二部分 高效成长

服当成了一种习惯。

乐乐和几个同学一起参加夏令营，其中有一个孩子转到班上才几天，和班上的同学都不是很熟。孩子的家长就想通过夏令营让孩子和班上的同学更熟悉。班上的那几个同学已经非常熟悉了，到了基地之后，他们就想着分到一个寝室，而下意识地把新同学排除在外了，只有乐乐主动提出来和新同学分一个寝室。熟悉的人自然做什么事都有默契，吃饭、洗澡、买东西、外出玩等，他们招呼一声就凑在了一块儿。其他同学来寝室叫乐乐的时候，也习惯性地忽视了新同学，可乐乐每次都会拉上新同学一起。结束夏令营之后，新同学的家长特意当面感谢了乐乐，因为他没有将自家的孩子排挤在外，否则这次夏令营对孩子来说就是不愉快的记忆。

培养孩子的高情商，需要家长有浪漫感。家长如果能在重要的日子给家人来一个小惊喜，那孩子也会把它迁移到其他人的身上，有时候仅是一份简单的小礼物就会让对方有无限的愉悦感；而若是家长能在生活的点滴中融入爱，孩子就会带着这种细致的爱来与他人相处，他的言行举止就会自然透露出让人舒服的高情商。

一言以蔽之，高情商就是让孩子把尊重对方放在自己的心中。

自信心

"天生我材必有用，千金散尽还复来"，这是诗仙李白的自信；"自信人生二百年，会当水击三千里"，这是一代伟人毛主席的自信；"有自信心的人，可以化渺小为伟大，化平庸为神奇"，这是杰出的戏剧作家萧伯纳对自信的理解。自信，对人一生的成功或幸福起着关键性的作用。

旸旸为了参加市里的合唱团比赛准备了很长的时间，她以前不仅在大型舞台上拿过奖，也在自己生活的圈子里小有名气。可一听说合唱团选拔相当具有专业性，而且有很多来自全国各地的甚至参加过国内比赛的竞争者，旸旸就彻底没有了底气。选拔那天，旸旸手心直冒汗，一直不敢进场。

后来，她的妈妈偷偷地请求一位工作人员给旸旸打气。工作人员假装从旸旸身边路过，仅仅对旸旸说了一句话："我曾经看过你的表演，对你的印象非常深，你是来参加合唱团选拔的吗？"听了这一句话之后，旸旸的心里踏实多了，原来自己的表演能给人留下这么深刻的印象。

那天的表演，旸旸最终如愿以偿。其实工作人员什么也没做，但他激起了旸旸心中的自信，让她能以最好的状态来呈现自己最佳的水平。

第二部分 高效成长

有时候，孩子的行为没有达到预期的效果或者孩子没有勇气面对某件事，并不是因为他的实力有问题，而是心态上的自信。人在有自信的时候，能够把身体上的一切潜能都调动起来，让自己发挥最佳水平。反之，则会呈现出懈怠状态，影响正常的发挥。

有自信的人常常能悦纳自己，他们能挖掘自身的优点，并不断将其放大，也能接受自身的缺点，从而让生活变得越来越好；而缺乏自信的人容易盯着自己的缺点而在他人面前感觉"矮"了一截，常以为自己被身边的人忽略，渐渐地就会引发一系列的心理、生理问题。

培养孩子的自信心，要让他看到人的差异性。"尺有所短，寸有所长"，每个人都有自己擅长和不擅长的东西，如果孩子总拿自己的短板和他人的长板比，那他永远都找不到成就感。就像蝙蝠如果和雄鹰比视力，那它就只能一头撞死，而蝙蝠有着超常的听力，就凭这一点，它能在动物界中占有一席之地。接受每个人优势的差异性，就是在面对他人的长板和自己的短板时并不感到自卑，而是在悦纳中一步步地提升自己。

当然，也不能让你的孩子拿着自己的长板和他人的短板比而沾沾自喜。家长发现孩子的优势之后，要善于将这个优势放大，让其成为孩子的特长。

培养孩子的自信心最重要的是让孩子有价值感。没有自信的孩子往往是觉得自己得不到他人的关注，或是常有挫败感。平常的生活中，家长要多给孩子展示自己的机会，比如采纳他给家里提的建议、支持他做他热爱并想做的事、给他选择的权利等，要让孩子感受到他在家庭中的重要性，让他有存在感。家长要对孩子所做的决定和事情给予及时的肯定，比如一句言语的鼓励、一个疼爱的摸头或者是一个眼神的欣赏，也可以是一个满意的微笑，让他相信他不仅能做，而且可以做好。让每一个与众不同的孩子都绽放出他独有的色彩。

勇敢

有的孩子从小就天不怕地不怕，什么事都敢尝试，遇到不公正的事情也会挺身而出；而有的孩子做什么事都缩手缩脚，自己的权益被侵占了也不敢吭声。最终勇敢的孩子能闯出一片天，而那些胆小懦弱的孩子往往让自己受尽了委屈，生活也会暗淡无光。

倩倩是我们村的一个小女孩，长得很秀气。她的爸妈都在外地工作，她从小就被爷爷奶奶带在乡下。读小学的时候，她的爸妈把她接回了城里。和倩倩朝夕相处之后，爸妈才发现这个孩子胆子特别小。她不敢一个人买东西，也不敢和陌生人交流，更不敢上台表演。家里来了客人，她就一个人在自己的房间里不出来。原本爸妈以为她只是不适应城里的生活，便没有过于在意，直到某次老师反映情况，他们才意识到倩倩的问题所在。

因为倩倩是从农村转学过来的孩子，又不爱说话，班上的同学都带着异样的眼光看她,有些孩子甚至直接用语言嘲讽她。可这些倩倩从来都没有和家里说过,每次爸妈问她适不适应新的学校,她总是应承着。

难以想象如果继续下去,倩倩的心理状态会怎样。她的爸妈决心改变孩子的这种状况,便试着给孩子更多的鼓励,用更多的时间带她到各个地方玩,陪她参加各种聚会,鼓励她接触不同的人和事。见识不同了,倩倩渐渐变得开朗起来,不仅会独立做一些事情,也学着回击那些嘲笑她的人。奇怪的是,当倩倩的内心变得强大时,她发现曾经那些不敢做的事情竟然变得这么容易,而她也可以在没有父母保护的前提下学习、生活。

越是懦弱,越是受欺负;越是勇敢,越是能掌握自己的命运。但是孩子的勇敢并不是父母的"你怎么这么胆小""有什么好怕的"指责以及"你最棒了""你最勇敢了"的鼓励就能培养的,它需要父母给孩子营造成长环境,以及在认识这个世界的过程中给予他力量。一个孩子的勇敢多数是源于他的底气,有时候孩子的懦弱与勇敢,全在父母的所为。

《杀死一只知更鸟》中有一段关于勇敢的表达,勇敢就是"当你还未开始就已知道自己会输,可你仍然要去做,而且无论如何都要把它坚持到底",从这个层面而言,勇敢有时候不仅是敢于做事情,还是能把事情坚持下去。如果你教会孩子有了这样的决心,他便领会了勇敢的真谛。

和别的孩子打架不是一种勇敢,而能控制住动手的习惯就是勇敢；

和同学逃学外出玩不是一种勇敢，如能抵制诱惑坚持学习才是勇敢；

报名参加一项比赛不是真勇敢，能为比赛全力以赴地不放弃才是勇敢。

……

除了教给孩子敢做、坚持做，还有一种伟大的勇敢是坚守正义。

看到路边摔倒的老人，你敢不敢让你的孩子去扶呢？看到同伴受欺负了，孩子是跑呢，还是敢于和同伴一起共患难呢……能让孩子学会这些行为，才是真正人格意义上的勇敢，才是闪着人性光辉的勇敢。

勇敢是内在的动力被激发而表现出来的外在行为，给孩子多一些蓄满勇气的时间，让他自己去面对这个世界。但家长千万不要教会孩子"我爸是李刚"，而让孩子无畏无惧地"勇敢"，这不是勇敢，而是仗势欺人。

韧性

韧性是一个人在逆境或困难、压力之下所表现出来的意志力和自我修复力。苏轼曾言"古之成大事者，不唯有超世之才，亦必有坚韧不拔之志",韧性在一个人追求自我成才的路上必不可少。相反,缺乏韧性的人,不仅难以成才,甚至在人生大的打击来的时候一蹶不振或轻视自己的生命。

培养孩子的韧性要教孩子学会豁达。苏轼满腹才学在京为官,本是平步青云却遭奸人陷害入狱,险遭杀头。之后,他就被迫过上了流放的生活,从黄州到惠州,一个比一个荒凉。他被流放到儋州之际,已是垂暮之年。面对这样的打压,苏轼不仅没有沉沦,反而在每一个流放的地方勤政爱民、甘之如饴,成为清官、美食家、文学家……活出了他自己的精彩。苏轼如果没有坚韧不拔之志,早已向命运妥协。

家长平时可以和孩子分享这些名人的故事,让他们感受到一个人只要意志不倒,就不会倒下。每个人的一生不会只是顺风顺水,比自己的遭遇更悲惨的大有人在,关键是自身如何应对。要让孩子拥有"即使失败了第八次,我依然可以在第九次站起来"的心态,只有乐观的心态才能和韧性呈现正相关,也只有以这样豁达的心才能接受不幸,才能超越自我。

除了让孩子有韧性的意识之外,家长还需在日常生活中有意识地培养。

小天是一个非常受欢迎的孩子。虽然还只是读小学,但是他的自主性和自制力都超过同龄的孩子,任何一个事情交给他都不会半途而废。五年级的时候,他报名参加了一个音乐比赛,这个比赛需要到主办方处参加统一的训练。小天白天在学校上课,放学之后利用坐车的时间完成学校里的作业，晚上在培训班上两节课，回家之后仍坚持一小时的阅读。小天爸看着孩子实在是辛苦，就试图让他取消晚上的阅读时间。没想到小天想都没想就拒绝了，并保证自己能坚持且不会影响白天的学习。

我们都惊叹于小天怎么有这样的坚持力，小天爸说孩子对自己这样的要求跟他们父子俩的习惯有关。小天刚读小学的时候，爸爸就会带着他出去夜跑。最开始是带着走路，慢慢就是小跑，到了四年级的时候就是每晚一小时的夜跑锻炼，风雨无阻。音乐训练的这段时间，他们压缩了时间把夜跑变成了晨跑。跑步这个习惯，他们父子俩已经保持多年了。暑假的时候，父子俩会参加户外的登山队，基本都会登顶才返回。

在这样的训练之下，小天的意志力得到了极大的磨炼，他的字典里似乎没有放弃这个词，但凡需要坚持的事他都能坚持到底。在这个事例中，小天爸是孩子韧性养成的重要引导者。如果没有他的陪伴，孩子不会有这些行为，所以家长对孩子的影响力是无处不在的。

韧性有时候是从苦中来的，没有一定的训练和体验，孩子很难仅从听别人的故事中学到。培养孩子的韧性，家长就不要怕孩子吃苦，带孩子做一些提高他意志力的或者是能振奋他精神的活动。当下的吃苦是为了将来迎接风雨时候的坚韧，是为了迎接人生彩虹的到来。

只有让孩子的意识和行动相结合，韧性才能形成。

第二部分　高效成长

抗压能力

　　成人总是不停地抱怨工作累、孩子难带、人际关系太复杂、生活艰辛等问题，并直言生活压力大。其实不光成人这样，孩子也有他的压力。

　　有一个朋友就曾向我表示过他的成长过程非常累。因为从小到大，他们一家人都把希望寄托在他身上，诸如"爸爸妈妈做这些都是为了你""为了你，我们吃了多少苦""只要你好，我们做什么都愿意"等，让他觉得喘不过气来，除了不停地努力不辜负他们的期望之外，他不知道自己的人生还可以活出怎么样的方式。直到现在，他都觉得自己似乎没有按照自己的想法活过，没有体会过发自心底的那种真正的自由和快乐。

　　这似乎也道出了很多孩子的心声，他们承受着父母以爱的名义施加在他们身上的压力，承受着来自同龄人的竞争，承受着成长中的烦恼等。可是同样有很多孩子在这样的压力之下活得乐观向上，活出了新高度并拥有了很多的选择权，因为他们有很好的抗压能力。事例中的朋友一直到成年之后仍有心理阴影，这和他没有形成良好的抗压能力有关。那么怎样培养抗压能力呢？

　　培养孩子强大的内心。一个心灵脆弱的孩子很难承受住他身上的压力，只有让孩子的内心真正强大，他才能顶着压力前行。

163

在父母的羽翼之下成长的孩子，他们的内心常比那些有独立思想和行为的孩子脆弱，因为这些孩子习惯于依赖父母。遇到不顺就希望父母能出面解决，完全没有独当一面的生存能力。这种孩子的家长必须学会放手，让孩子做自己想做的事，只有这样他才能独自勇敢地面对一些事情，才会强大起来。

教孩子学会看淡结果。压力太大有时是把别人的评价看得过重，有时是过于在意结果。要让孩子认识到内心的幸福感才是人生的真谛，一时的输赢或某件事的成败影响不了人生的全局。至于他人的评价更是身外之物，对于有利的建议听着即可，而那些诋毁就可以随风而去。只有把结果看淡，才会在没有达到期望的时候不那么难以接受。

帮孩子找到情绪的宣泄口。每个人都有承受的底线，不要让孩子一味地将压力往身上扛，要让他明白释压不仅不丢人，还会显示出一个人的智慧，但需要寻求到一种健康的方式，而不是暴饮暴食地得不偿失。当孩子心理压力过大的时候，他可以选择听音乐、看电影等娱乐方式，也可以找一个他信任的人来进行倾诉。只有让孩子找到了释压的方式，他才能转化压力，形成抗压能力。

其实让孩子有一个兴趣爱好也是抗压的好方式。我认识的一个小孩是一个竞赛生，每次大型比赛之前他都会感到有无形的压力，这时他就会约上他的小伙伴去打球，在挥汗如雨中就把那些压力带走了。有些小孩喜欢画画，有些则是写作，还有的是弹奏乐器等，只要他们内心有个寄托，压力就有一个存放的地方，因为他们能在这些爱好中获得愉悦感。

没有抗压能力的孩子不仅容易陷入消极的状态，而且可能在重压之下造成严重的后果。如今有些孩子越来越脆弱，这需要父母的高度重视。让孩子远离"玻璃心"，只有扛住压力才能从容面对生活给予他的磨炼！

执行力

执行力是指在可行性战略之下通过有效的执行措施实现目标的能力。关于执行力有一个非常经典的小故事：

阿诺德和布鲁诺两个年轻人同时受雇于一家店铺。起初，两个人拿着同样的薪水。可没过多久，阿诺德的薪水就明显高于布鲁诺。布鲁诺很不服气，老板便让两个人去集市看看有什么可买的并回来汇报。布鲁诺回来之后告诉老板只有农民在卖土豆，而对老板问的其他情况一无所知。可阿诺德回来之后，不仅汇报了土豆的数量、价格、质量，并根据自己对市场的分析揣测了老板有订购的意向，将卖土豆的农民带了回来。

同样的条件之下，执行力的不同有了完全不同的工作效果。一个人的执行力对个人、他人、集体的发展都是至关重要的。那么在生活中，我们应如何让孩子变得有执行力呢？

必须训练孩子清晰的思维。执行力不强的孩子主要表现为行

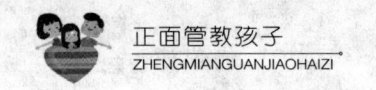

动上的惰性和条理的混乱，只有让他清楚事情该怎么做，他才能更快地落实，这就需要一些小技巧的训练。比如成人常用的"列清单"的方式；借助一些 App 技术绘制清晰的操作流程；把复杂的事情化为框架式；把大目标分解成小目标，等等。眼光放在远处，行动放在当下。

忌"想太多"的思维模式。执行力不强的人往往是那些做事之前瞻前顾后，反复考虑"如果这""如果那"或"我这样做了，谁会不会不开心"等结果的"纠结派"。家长应让孩子意识到顾及每个人的情绪是很难的事情，我们能做到的是在尽量考虑大多数人情况下的大局化。只要出发点是对的，执行的方案是通盘考虑的，就应干净利落地把事情完成。

父母的执行力对孩子来说尤为重要。孩子的执行力有时候是以父母为参照标准的，如果父母让孩子感觉到承诺的随意性或行动的迟缓性、惩罚的反悔性，那孩子自然就会形成拖延的、无所谓的状态。比如，父母答应孩子周末去海底世界玩，由于那天下雨，父母就取消了行程，孩子会觉得事情是可以因外部因素而随意改变的；一家人出门走亲戚，妈妈一直催促着孩子快点出发，而她自己却在化妆台前磨蹭，孩子自然也快不起来；家长在气头上的时候最容易对孩子甩下狠话"再不怎么样……你就……"，可等气消了之后，就将这些预定的惩罚措施抛诸脑后。想要孩子有较强的执行力，父母就应做到信守承诺、行动迅速、按章惩罚。

《亮剑》是一部很经典的战争片，主人公李云龙带领的队伍战斗力强、凝聚力强，这和李云龙的执行力息息相关。政委布置任务的时候通常是"这事你尽快去办"，而李云龙接受命令的时候是"我现在就去办"。团队在他行事方式的影响下，做事从不拖泥带水，战功赫赫。

一般团队的领导者都是有执行力的人，他们能以最佳的方式和最高的效率解决问题，让孩子拥有这样的执行力就是让他提升人生的效率。教孩子和带团队自然不一样，但在执行力上是相通的。

对于家长的指令，孩子往往喜欢以"我等一下就去"来推托，家长要让孩子多学会"我现在就去"的表达，"现在"就是执行力最好的体现。

课程五
孩子的幸福能力

正确的价值观

"价值观是基于人的一定的思维感官之上而做出的认知、理解、判断或抉择",这是价值观的标准定义。一个人的价值观在相当程度上影响着他的言行,决定着他对这个社会道德体系的评判。而价值观一旦形成,就具有稳定性,他对人、事、物的基本看法很难再改变。

可以说,价值观引导着一个人的人生走向。而正确的价值观对一个孩子而言尤为重要,是每个家庭的教育大课。

明晰正确价值观的内涵。"知是行之始,行是知之成",只有明晰了正确价值观的内涵才能指引自己的行为,首要的便是让孩子拥有积极的人生态度。只有让孩子以饱满的热情去生活,他才会对生活充满了爱。出于爱的意识,他会主动地善待身边的人,才不会在怨气和不满的情绪中做出不当的行为。而后是让孩子懂得尊重,只有认识到每个人都是独立的个体而不强求于相同的时候,孩子才会以宽容的心接纳身边的人、事、物,而不至于有嫉妒、占有等情绪。责任和规则也是孩子正确价值观中必不可少的。有了责任,孩子才有担当;有了规则,孩子才有约束,这二者是一个人能自律的重要根基,自律的人不会随意荒废自我,轻视他人。

应坚持自己正确的价值观判断。有了自己对价值观的正确认识之后,就能在复杂的环境中坚守。人都是活在他人的评价中,最容易受到他人的影响,常因他人的言论而改变自己的言行。在公交车上让座,听到旁边的人议论"傻不傻"就不敢再随意让座;给淋雨的环卫工人打伞,被路过的人议论着"真矫情"就默默地走开;乐于帮助身边的人,被称为是"滥好人"就收起了那份热心;在机会面前毛遂自荐,被人说自以为是,就不敢主动争取……生活中这样的事情随处可见。

有一对父子慢悠悠地牵着自己的驴到城里,原本走得很自在。忽然听到耳边传来路人讽刺他们放着驴不骑而走路是蠢人行为,父亲立马把儿子抱到了驴上,他牵着驴和儿子。走着走着,又有人投来异样的目光,并厉声批评他的儿子让年迈的父亲牵驴是不孝。这下,儿子不干了,跳下驴来让父亲骑上去。结果,旁人又嘲讽父亲让这么小的儿子牵驴。最后他们只剩下一个办法——两人都骑在驴身上。异样的目光和讽刺的声音更多了,这可是虐待驴的行为啊!无论父子俩怎么做,总会有讽刺的声音。

其实,何必呢?父亲觉得让儿子骑是关心,那就心安理得地做;儿子觉得让父亲骑是孝顺,那就昂起头走路;父子俩觉得两人一同走路，是一种父子间的交流，那也顺心而为。只要按照自己认为对的做，没有违背礼仪道德，就不要让旁人左右自己的思想。

教会自己的孩子，只要是正确的价值导向就要听从心中的声音而坚持自己的做法，不应轻易受到他人的影响，否则不但会无所适从，甚至会丢失自己内心正确的东西。像雷锋这样的人尚且被人称作过"滥好人"呢，可是他坚守住了正确的价值观，没有受环境和他人的影响，最终成为中华民族学习的榜样，代表着一种助人为乐的精神。

价值观是一个很广的话题，它包含多方面的内涵，但只要家长在引导孩子的时候有大局观念，秉承着"真善美"的原则让孩子做出自己的判断，那孩子也会在正确的价值观下创造自己的人生价值。

爱自己才会爱别人

小时候，我们常被父母教育要学会爱别人，但很少有人接受了爱自己的教育。如果爱是一个潘多拉的魔法盒，我们不停地从中取出东西来爱身边的人而忘记了把东西放进去，忽然有一天我们会发现里面空空如也，我们再也没有爱他人的资本了。只有让这个盒子里有源源不断的魔力，我们才能给更多的人帮助。先爱自己，才有爱他人的能力。

爱自己就是懂得照顾自己。孩子总是喜欢对父母许下"以后我来照顾你"的诺言，可如果这个孩子连基本的生存能力都没有，他有什么能力来爱父母呢？孩子如果生病了，家长就可以这样告诉孩子："爸妈看到你生病的样子非常心疼。如果你把自己的身体照顾好了，就是对爸妈最好的爱。爸妈把自己的身体照顾好了，也是对你的爱。"要让孩子意识到有时不需要特意为父母做什么，他的健康、快乐就是对父母最好的爱。

有一个在城里读书的农村小男孩，因为家里的条件不太好，父母都非常辛苦。这个小男孩为了减轻爸妈的负担，无论在生活和学习上遇到怎样的困难，他都不会和家里说，渐渐形成了沉闷的性格。读寄宿学校以后，为了省下吃饭的钱，他常饿肚子或是随便应付。原本是为给家里省钱，结果因营养不良被送到了医院反而耗费了钱财和时间，也让父母担心。

父母要让孩子意识到爱父母和他人并不在于一时，不要为了一时的爱而错失了长远的爱。如果为了给父母减轻负担而默默承受，最终导致更严重的后果，不仅爱不了别人，还害了自己。有时候爱是需要量力而行的。

不要以牺牲自我获得友谊。友谊是孩子成长阶段最看重的感情，他往往在友谊中寻找着自己的存在感。为了守住友谊，他有时可以无限制地迁就他人或忽视自己的感受，比如帮朋友隐瞒错误、替朋友"两肋插刀"、答应朋友无理的要求等。有时候孩子明知这些是错误的行为，但在他看来，如果不做这些事情，就会失去这个朋友。家长应让孩子懂得交友的真正意义，只有尊重自我的感受才会在友情里坦诚相见，也才能让自我获得真正的愉悦感。当自我的感受愉悦了，才能给朋友积极的力量。

教孩子爱自己并不是让他自私自利，父母要清楚地让孩子明白这两者之间的界限。爱自己的人既关注自身，也会关心外在的世界：他并不是只懂得索取而毫无付出；也不是为了达到自己的目的而任性妄为；即使是拒绝他人也会平和地表达自己的感受让对方感到舒服。而自私自利的人只关注自己，总是试图从他人的身上得到些什么，绝不允许自己吃亏；当需要承担责任的时候，他只会把原因归到他人身上等。如果孩子是自私自利的，那他不是自爱。家长应教孩子把握好爱自己的尺度。

总之，父母应让孩子明白，只有等他成为一个有爱的能力的人时，他才能更好地爱身边的人。

敢于面对问题

生活就是由无数问题组成的，即使是孩子的生活也一样。他有衣食住行的需求，有属于自己的交际圈，有自己的兴趣和目标等，有生活就会需要面对问题，比如和小伙伴的冲突、学习中的困难、比赛中的失败等。

第二部分 高效成长

父母无法为孩子解决所有的问题，最终还需要他自行面对。父母包办得越多，孩子解决问题的能力越弱。要适时、恰当地放手，孩子会在处理问题的过程中越发独立、自强。要让孩子独自解决问题首先必须让其敢于面对问题。

让孩子敢于面对问题，就是让他相信自己能行。不少孩子遇到问题就习惯找家长、老师，而没有意识到自己也有这项能力。当孩子向家长寻求帮助的时候，家长要学着把问题抛给孩子，鼓励孩子想办法。面对问题的时候，孩子常常有畏难情绪，不知从何处着手，家长可以提供给他一个可行的方案，如"这个是我的看法，你试试看"来让孩子看到问题是能被解决的，或者是以"你一定还能想到其他更适合你自己的办法"来引导孩子自我尝试。在孩子刚学习解决问题的过程中，家长要给予适当的引导，不要让孩子陷入解决问题的死胡同从而打击他面对问题的信心。而在解决问题之后，家长要和孩子一同分析孩子在对待这个问题过程中值得肯定的地方，让孩子得到鼓励，也积累更多的经验。有了系统的尝试，以后再遇到问题，孩子便能有面对的勇气，而不是条件反射式地求助。

让孩子敢于面对问题，要让他学会不盲从于权威。在问题面前，孩子有时候选择逃避是他认为对方是权威，对方的话就应是"圣旨"。

学校组织学生进行春游活动，目的地是动物园，这个地方小哲已经去过很多次了，并没有多少兴趣。但是老师以培养集体意识为由，要求大家都要参与。于是，小哲只能乖乖参与。小哲的爸爸了解了这个情况之后，首先询问了小哲的想法。他先是鼓励小哲积极参与班级活动，在确认小哲对这个活动并没有任何兴趣并且之前已经和同学到过此地之后，他向老师发出了请求。结果老师以期末评优为条件拒绝了小哲爸的请求。小哲一听期末不能参与评优，便哭着嚷着要参加。可小哲爸最终没有妥协，而是顺势给孩子上了一课，让孩子再次和老师沟通。

集体意识需要被尊重，但前提是不能建立在屈服于权威之下。若是一味地顺从权威而牺牲自我的感受，那便会失去自我。老师是孩子心中的权威，但以"期末评优"来强迫孩子参与集体活动是不妥之举。孩子应在尊重老师的前提之下和老师沟通这个问题，而不是顺势妥协。在这样的考验中，他处理问题的能力会得到更好的提高，他的内心也会变得更强大。

敢于面对问题是孩子人生的必修课，合格？优秀？需要在实践中检验！

理性思考能力

理性和感性是人类思维活动的两种形式。究竟是理性好还是感性好，这是一个争论已久的问题。其实两者就像是一个硬币的两面，都有其存在的价值。感性是情感性的意愿，而理性是一种深度性的判断，两者缺一不可。现实生活中大多数的人两者兼有，不过是成分的多少。

孩子的天性让其偏向感性层面,他的理性思考力需要后期的训练。

让孩子理性思考就是真实地面对自我。孩子无法理性思考往往是对自身或面临的事情无法接受而让情绪控制。首先要让孩子戒除完美主义的心理和拥有坦然接受失败的心态,一个过于追求完美的孩子对自己和他人都会苛责,往往难以接受自身的失败。

如果孩子能意识到每个人都有自身的优缺点,每件事都难以达到完美,那孩子就会在身边的人或事没有达到预想中的效果时以平和的心态来接受。否则的话,孩子就容易陷入"如果我这么做,就不会……"或者是"看来我还是比不上别人""我还是不适合"的情绪状态中。

让孩子理性思考要远离从众心理。《皇帝的新装》是众所周知的童话,皇帝为了穿上神奇的新装被骗子骗着穿上了一件"看不见"的衣服,实际上什么都没穿,所有的大人都称赞衣服好看,只有一个孩子说出了真话。多数时候我们的盲从是因为不敢,有时是不敢挑战权威,有时是担心自己被认为另类,而有时是害怕得罪他人。培养孩子的理性思考能力就是要让他学会听从内心的声音,毕竟有时候真理是掌握在少数人手中的。要让孩子明白如果跟随别人的思维而没有自己的判断,那就不是真正地做自己。

培养孩子的理性思考力,需要家长减少"绝对性"的用词。试想一下,一个经常对孩子说"你怎么老是这么慢""你又犯这样的错""你别总这样做"的家长,怎么不会把带有情绪的表达传递给孩子呢?在这样的表达中"老""又""总"都是让孩子极度反感的词语,孩子会在心里形成"我哪里慢了""又翻旧账""我什么时候这么做了"等对抗情绪。另外一种表达就是固定式的思维表达,"你还是小孩子,你应该……"那孩子就会条件式地反应"为什么小孩就应该,你们大人难道不应该吗?"

类似这样绝对化的表达都不利于孩子理性思考能力的发展,家长应学会用当下的事实来客观地描述和表达感受,这样孩子面临同样状况的时候才会理性地沟通,而不是让理所当然的情绪占了上风。

理性的思考其实是对他人的一种悦纳。一般情况下,我们受到他人的攻击时最容易失去理性思考力。家长要教会孩子的道理是,这些攻击的言论不过是在向我们表达不同的观点,如果我们也以这种方式回击,只会让事情没有结果,而我们如果采用理性的表达就会让对方慢慢冷静下来。春秋战国时期尚有"百家争鸣",因此,应让孩子学会保持对每一个观点的尊重。

"我们需要一种清明的理性,这个理性是在这种嘈杂的世界中拯救生命的一种力。"孩子或许不需要理性拯救生命,但需要理性来保持自身思维的清醒和人格的自由、独立。

第二部分 高效成长

懂得感恩

前几天是妇女节,苇子妈发了朋友圈,不是老公给的惊喜,而是孩子。10 岁的小男孩画了一幅全家福,并配文"妈妈是我们家的老大,您辛苦了!节日快乐!"旁边还放上了一盒自己用零花钱买的巧克力。这个朋友圈一出来,家长们纷纷点赞。

"怎么我们家的孩子就是来讨债的?"

"多么贴心的小伙子!"

"我们家这位什么反应都没有。"

……

孩子这样感恩的行为和父母的引导有很大的关系。苇子一家非常重视生活中的仪式感。孩子生日的时候,苇子爸会送一份礼物给苇子,也会带着苇子挑一份礼物送给妈妈,来告诉孩子"母难日"的意义;母亲节的时候,夫妻俩会带着孩子看外婆或者是奶奶,并给老人家送花或是做顿饭;苇子爸过生日的时候,苇子妈会把苇子爸这一年的工作历程和生活点滴做成视频放给孩子看,让孩子看到爸爸对家庭的付出;儿童节的时候,他们会满足苇子的一个小心愿……这样一来,我们就很容易理解苇子的行为了。

父母爱孩子,父母教孩子爱父母,父母尊敬老人,父母彼此

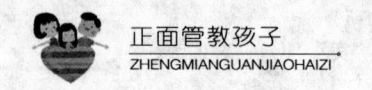

相爱，这样的家庭出来的孩子会自然而然地有感恩之心。苇子的父母并没有把孩子当成是家里唯一的中心，而是同样地爱着家里的每一个成员，给孩子做了爱的示范。就这一点，很多家庭都没有做到。父母一门心思地爱着孩子，而忽略了夫妻之间的感情，忽视了孝敬自己的父母，这样反而会让孩子以自我为中心，更不懂得如何去付出。用语言教孩子感恩，不如以行动浸润。

除了这些爱的仪式感，平日里苇子爸也会让苇子主动承担家里的事情。他们家做饭是一起买菜，孩子洗菜，妈妈切菜，爸爸炒菜，然后以"石头剪刀布"的方式决定谁来洗碗；逛街的时候，苇子需要帮着一起挑东西、提东西……让孩子参与这个家庭的事务，他才会有付出的想法。

相反，那些衣来伸手饭来张口的孩子，他们已经习惯了索取，只知道自己手里的东西是轻而易举就有的，而不知他人在这背后付出了多少，也就不会明白珍惜的意义，更别说感恩那些给予他们东西的人了。如果他们的要求没有及时地得到满足，就会觉得他人欠了自己，而产生愤怒、生气等情绪。"守株待兔"是一场悲剧，让孩子获得之前，还是先教他付出。

让孩子懂得感恩需要注重小细节，比如让孩子接受每一次帮助的时候说"谢谢"，不要小瞧了这简单的一句话。如果孩子是发自真心说出来的，代表着他认识到别人为他做事并不是理所当然的。服务员倒水的时候，教会孩子说"谢谢"，让他尊重他人的劳动；值日生在座位周围扫地的时候，教会孩子说"谢谢"，让他尊重他人的职责；父母往饭桌端菜的时候，教会孩子说"谢谢"，让他明白这是父母的付出……只有让孩子学会在细节里看到他人，孩子才会把感恩当成是一种自发行为。

常言道"羊有跪乳之恩，鸦有反哺之义"，感恩是一个永恒的主题，让感恩成为孩子生命中获得爱和付出爱的桥梁。

优秀想象力

刘慈欣的科幻小说《三体》出版以后，引起了全国轰动，谁也不曾想过居然有作家能把中国的科幻文学提升到世界水平。在获奖感言里，他曾提到"想象力是人类所拥有的一种似乎只应属于神的能力，它存在的意义也远超我们的想象"。这是一个给科幻作品的奖项，也奖给了想象力。

可笑的是，多数人的想象力已经在童年的时候被扼杀了。

《小王子》一书中有这样一段记录：

小王子6岁的时候画了一幅巨大的蟒蛇给大人看，他问他们是不是感到害怕，可是大人却说"一顶帽子有什么可怕的"。于是小王子把画进行了加工再来问，大人却笑着让他别画这些蟒蛇了，要把心思放在算术、地理等学习上。大人对小王子画作的毫不在意让他放弃了当画家的想法。

这样的场景对很多小孩而言是再熟悉不过的。

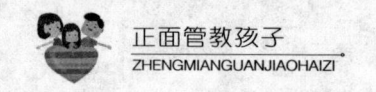

当孩子兴冲冲地把日常的事物想象成星星、月亮、云朵,家长就会像是"智囊星"一样出现在孩子身边"这个不是星星,这是……";或者当孩子还沉浸在自己的想象世界中,家长就会毫无征兆地闯入"别玩了""你的作业做完了吗";有时孩子把一个拙劣的想象作品送到家长面前,家长就会开始纠正:"弄这些东西有什么用呢?不如多花点时间在学习上。"

孩子的想象力就这样日复一日地丢失,直到成为标准化的孩子。每个大人都是在成长过程中失去想象力的小王子,但他仍然还有机会成全自己的孩子成为那个想成为"画家"的小王子。

让孩子保留他的"千千问"和童真的语言。孩子想象力的外在形式是他对于一切的好奇心和无限制的发问。"大蒜为什么会发芽?""老鼠为什么会打洞?""同学为什么比我矮?"……在孩子的世界里,问题永远是"乱七八糟"的。家长的处理方式也各有不同,有些是一边听着一边用"嗯"表示在听孩子的问题;有些是"这个问题我也不知道";而不耐烦的家长就会直接告诉孩子"没有为什么,它就是这样的"……这样的反应会让孩子的好奇心和想象力受挫。如果家长能先表扬孩子提出的问题并对孩子提的问题进行引导,然后由孩子从家长引导的问题中得出答案,家长再鼓励孩子从答案中发现新的问题,这样孩子的求知欲得到了满足就会再次激发其想象力。

孩子写作文的时候最常用的就是具有想象力的童真语言,可往往被老师和家长变成了优美的句子和人生的大道理。"我手写我心"，文字常常是孩子内心真实的表达，家长要善于把孩子这些童真的语言保留下来并鼓励孩子使用这样的表达，他才会在文字的世界尽情地放飞想象。

在平常的生活中，家长也可以陪同孩子做一些关于想象力的训练。比如家长讲故事的前半段，由孩子来编故事的后半段；画一个简单的图案，由孩子将图画变成多种可能；家长朗读一段文字，由孩子来变成图画；用想象的方法把几个词串联在一起等，让他在轻松的游戏中发挥想象力。

孩子奇妙的想象世界是难得的财富，让孩子多一分想象，也许他的未来就多一种可能。这个社会不缺人才，却缺少优秀的想象力。

生活表达能力

一个人对生活的表达隐藏着他的生活状态和家庭教养，只有善于表达生活的人才能打下人生的幸福之基。孩子的生活表达能力与原始家庭的氛围和父母的生活态度和方式息息相关。

让生活丰富起来。热爱生活是一个人找到生命意义的最本真的方式。如果一个家庭的生活方式单一，孩子对生活的热爱程度就会降低，而父母有自己对生活丰富的表达方式，孩子也会是一个热爱生活的人。

丹丹的爸爸是一个户外运动和摄影爱好者，每到寒暑假的时候，他就会带着孩子外出骑行。最初的时候，他会用自行车载着孩子，等孩子大了之后就渐渐让她自己骑行。这些年，他们的骑行足迹留在了国内的各个角落，留下了很多珍贵的照片。虽然骑行的过程充满了他人不曾体会的艰辛，可也欣赏到了他人一生都不曾见过的风景。最重要的是，丹丹不仅开阔了眼界，也磨炼了意志力。

在这样的生活方式下，生活中的丹丹非常爱运动，整个人总是充满活力。即使遇到困难，她也都乐观接受。平日里，她会用镜头把生活中的美和感动记录下来，在自己独立的摄影空间和身边的人分享。

一个爱生活的父母会为孩子打开丰富的生活表达方式。爱音乐的父母会带孩子去听音乐会来感受旋律的美妙；爱美术的父母会陪孩子看展览来欣赏这个世界的美；爱话剧的父母可以和孩子做舞台剧的场景来品味人间的情味……如果家长的休闲时间只是在家里打游戏或在麻将馆里打牌，那孩子对生活也只有那些琐碎的无聊。家长有爱这个世界的方式，孩子的生活才会丰富多彩，否则只会让孩子安于一隅。

用乐观的态度表达生活。"生活是一面镜子，你对它笑，它就对你笑；你对它哭，它也对你哭。"父母要做一个乐观向上的人，笑对生活。当面对挫折的时候，少一些抱怨，而用理性的态度去面对，让孩子相信生活总会越来越好。如果家长对生活充满了怨气，凡事只会看到消极的结果，那孩子也只会用悲观的态度来表达生活。

　　孩子的乐观多源于爱。父母关系的和谐和对孩子的宽容会让孩子看到这个世界的美好，在这样的爱里孩子的心中也有爱，他会把这样的爱无形地传递给其他人。在父母的表达里经常用"我爱你""我们相信你""我们永远都在你的身后""没关系"的句式，孩子会有安全感和自信并善于用"我相信你""我一定可以的""我陪着你一起"与他人相处，这就是他和其他人的关系的表达——自信与信任。

　　如果父母每天为了鸡毛蒜皮的小事而争吵，孩子的世界就是斤斤计较，并极度缺乏安全感。他在和他人的关系中容易产生"他是不是生气了""我是不是做错什么了""我怎么比得过他"等自我怀疑。

　　让孩子学会自律。自由不是想做什么就做什么，孩子尽情地表达自己对生活的态度需要以自律来对自我及他人负责。一个想做什么就做什么的孩子的生活状态可能是吃着垃圾食品、睡到自然醒、自私自利、没有规则感等；而一个有自律精神的孩子会在父母的引导下照顾好自己的生活：可能是一顿精致的早餐，可能是一家人的周末，他把精致的生活当成是对生活的热爱，也会在照顾自己的同时顾及他人的感受，比如微笑对待他人、举手之劳的习惯等。表达对生活的爱不是表达无拘无束的自由，而是在自律之下找到更好的自己。

罗曼·罗兰曾经说："生活中只有一种英雄主义，那就是认清生活的真相之后依然热爱生活。"希望我们的父母能在认清生活的真相之后仍对它有着赤子之爱，然后引导着我们的孩子在爱里拥有一颗柔软的心，在爱里找到真正的自己，用自律开启自己的美好生活。